两次世界大战
起源评述

周旭东　著

COMMENTARY ON THE ORIGINS OF
THE TWO WORLD WARS

中国社会科学出版社

图书在版编目(CIP)数据

两次世界大战起源评述/周旭东著. —北京:中国社会科学出版社,
2019.3 (2020.2 重印)

ISBN 978 - 7 - 5203 - 3947 - 6

Ⅰ.①两… Ⅱ.①周… Ⅲ.①国际关系史—研究 Ⅳ.①D819

中国版本图书馆 CIP 数据核字(2019)第 016298 号

出 版 人	赵剑英	
责任编辑	张 湉	
责任校对	林玉萍	
责任印制	李寡寡	

出　　版	中国社会科学出版社	
社　　址	北京鼓楼西大街甲 158 号	
邮　　编	100720	
网　　址	http://www.csspw.cn	
发 行 部	010 - 84083685	
门 市 部	010 - 84029450	
经　　销	新华书店及其他书店	

印　　刷	北京明恒达印务有限公司	
装　　订	廊坊市广阳区广增装订厂	
版　　次	2019 年 3 月第 1 版	
印　　次	2020 年 2 月第 2 次印刷	

开　　本	710×1000　1/16	
印　　张	14.5	
插　　页	2	
字　　数	208 千字	
定　　价	65.00 元	

目　　录

第二编　大国与两次世界大战的起源

第四编　关于战争与和平的新思考

前　　言

当人类来到 20 世纪时，欧洲是令人向往的所在，它是人类现代文明的中心。欧洲也以自己的文明自豪，在欧洲人眼里，欧洲之外的地方是野蛮之地，它们只能成为殖民地，受欧洲人的统治，在欧洲人的引领下，一步步走向文明。欧洲也是权力的中心，处置着世界各地发生的重大事件。但是，随后的半个世纪里，以理性著称的欧洲却接二连三地爆发了人类有史以来最惨烈的世界大战，欧洲的年轻人用工业文明所制造的最先进的武器相互残杀，无数的生命刚刚绽放就结束了。

如果说第一次世界大战的残酷性使人们始料未及，那么，杀人武器更先进，战争更惨烈的第二次世界大战呢，后者还伴随着各种各样的针对平民和战俘的大屠杀。

两次世界大战的前后发生，使许多欧洲人难以理解，大文豪茨威格更是因目睹他的"精神故乡欧洲"的沉沦而感到绝望，1940 年离开欧洲前往北美，随后又去了南美，1942 年与妻子一起在巴西自杀。茨威格遗言写道："与我同操一种语言的世界对我来说业已沉沦，我的精神故乡欧洲亦已自我毁灭。我觉得还不如及时以尊严的方式来结束我的生命，结束我这个始终视精神劳动为最纯粹的快乐、个人自由为世界上最珍贵的财富的生命为好。"茨威格从容而诗意："我向我所有的朋友致意！愿他们在漫漫长夜之后尚能看到朝霞！我这个人过于急性，要先他们而去了。①"

---

① 参见［奥］斯蒂芬·茨威格《昨天的世界——一个欧洲人的回忆录》附录《绝命书》，徐有敬等译，安徽文艺出版社 2013 年版。

　　"难道在经历了这场灾难之后我们还学不会如何和睦相处吗?①"德国"二战"老兵罗迪曾这样说道。可惜的是,在惨烈的第二次世界大战结束后,局部战争一直不断。冷战结束后,恐怖组织和暴力的威胁一直存在,骇人听闻的袭击和流血事件也时有发生。

　　人类渴求永久的和平,但战争却连绵不断。战争的根源何在,这是关注人类命运的学者们所一直探讨的问题。这些学者中有哲学家、政治学家、历史学家、国际关系学家,还有心理学家、社会学家、人类学家、地理学家、生物学家和经济学家等。也许很少有哪个问题像战争起源这样,受到如此众多来自不同学科的学者们的关注。套用英国学者艾瑞克在《帝国的年代》一书中的话来说:"……所用掉的墨水、所制造的纸张、所牺牲的树木以及忙碌的打字机,比回答历史上任何其他问题都多。②"但在战争彻底消失以前,人们会始终关注战争起源这一问题。

　　从研究的方法来看,大部分学者的研究大体可以分为两类。一类采取宏观的方法进行分析,另一类则采用微观的方法进行探究。正如詹姆斯·多尔蒂指出的那样:"在研究战争与和平、冲突与合作问题时,人们经常采用两种不同的理论视角和方法:一方面可以认为,出现这些现象的主要原因在于政府部门的决策过程。例如,发动战争的想法之所以出现是因为统治者看到有机会赢得战争……(这种分析)就属于这一常规的理论框架内。另一方面,大量的文献认为国际政治行为,特别是战争的爆发,其原因在于广阔的社会政治力量和运动,任何具体的统治者都无法控制这些力量和运动。③"

　　从研究的角度来看,心理学家、社会心理学家和生物学家,以个人的行为作为出发点,对战争的根源做出推断。而历史学家、社会学家、人类学家、地理学家、政治学家和国际关系学家主要从集团、社会机构、

---

　　① 朱维毅:《德意志的另一行泪》,世界图书出版公司2010年版,第129页。

　　② [英]艾瑞克·霍布斯邦:《帝国的年代1875—1914》,贾士蘅等译,国际文化出版公司2006年版,第363页。

　　③ [美]詹姆斯·多尔蒂、小罗伯特·普法尔茨格拉夫:《争论中的国际关系理论》,阎学通等译,世界知识出版社2003年版,第201页。

社会阶级、宗教或民族国家、联盟和文化或全球体系的层面上对战争起源进行考察。有的学者则综合了多方面的原因。

本书第一部分试图将国际关系理论和两次世界大战爆发的史实结合在一起来分析战争的起源。

战争的发生有许多深层的原因，但人在趋势面前并不是无能为力的，人的决策与战争的发生密切相关。战略决策是长周期的，客观性因素的影响比较大，但也有不少的主观性和偶然性因素。20世纪30年代中期的英国，面对德国的挑战，既可以选择绥靖，也可以选择威慑，并非只有一种选择。第一次世界大战后的德国，也完全可以选择和英法合作，并非只能选择战争。危机处理固然受到国际格局和国内体制等因素的影响，但主观性因素和偶然性因素也非常关键。国内外学术界反复研讨萨拉热窝事件，就是试图发现当时各国的领导人在处理危机时所犯的错误，希望人类在今后能避免再发生类似的悲剧。在开战决策中，个人的作用和偶然性的因素就发挥着更大的作用。在第一次世界大战起源问题上，学术界一直在探讨的问题是：为什么各国都不希望发生大规模战争，世界大战却突然爆发了，当时的各国政要究竟在什么地方犯了错？

国内政治结构和战争起源的关系涉及国际关系中的两个重大问题：一是战争之所以发生，是否是由于某些国家的内部存在弊端？二是某些国家是否能以人类和平的名义使用武力或威胁使用武力来改造其他国家？在评定一个国家是"好"或"坏"的问题上，学者们的标准则是不一致的。马克思和恩格斯的标准是生产资料所有制，他们认为，由于分工和私有制，人类社会有了阶级，而"只要有利益相互对立，相互冲突和社会地位不同的阶级存在，阶级之间的战争就不会熄灭①"。因此，只有彻底消灭私有制，消灭阶级，才能消除战争的根源。威尔逊的标准则是民族自决和现代民主政治。他认为专制是战争的根源，第一次世界大战是专制和民主之间、暴政和自由之间的斗争。专制导致战争的理论从逻辑

---

① 《马克思恩格斯选集》第1卷，人民出版社1972年版，第708页。

上讲是合理的，普通民众在战争选择上没有发言权，而专制统治者会随心所欲地发动战争。但这一观点在实证上遇到问题，今天，学术界普遍认为，第一次世界大战爆发的责任不能完全归之于德国，英法也是有责任的。在国际干涉这一问题上学者们也存有很大分歧，德国哲学家康德在《永久和平论》一书中认为，任何国家均不得以武力干涉其他国家的体制和政权。而美国思想家潘恩认为，若能消灭专制主义，使人们安享和平与安全，那就可以对专制主义的国家进行干涉。国内外学术界围绕这两大问题的争论一直延续到今天。

对于国际社会建立怎样的秩序最合适，西方国际关系理论学界有多种理论，其中"霸权稳定论"似乎最经得起实证，但是，那意味着人类不可能实现公正民主的和平，而人类应该能有智慧达到他们所向往的境界。"民主和平论"则引起了国内外学术界广泛的争论。"民主和平论"建立在较严密的逻辑基础之上，学者们认为，随着民主政治的确立，民众对国家的战争选择起决定性的影响，由于民众要直接遭受战争的苦难，因此，民众在选择战争时会非常谨慎；"民主和平论"也基于实证，学者们发现，最近的一百多年来，成熟的民主国家之间从未发生过战争。也有许多学者对"民主和平论"持批评态度，他们认为，引发战争的原因是多重的，政治体制只是其中的一个方面。尽管"民主和平论"存在争议，但有一点要承认，那就是这一理论给人类以永久和平的希望。中国学者推崇国际体系的多极化，他们认为单极建立在霸权的基础之上，是不公正的。两极的对抗则极其危险，只有多极才能对国际社会的最强国有所制衡，使国际秩序保持公正。然而这一看法在实证上有所欠缺，从历史上看，多极未必能带来和平，第二次世界大战前的国际社会可以说是多极的；两极也未必一定带来战争，第一次世界大战前的两极格局下同样出现了大战，但第二次世界大战后，美苏是两极，两大超级大国之间却并没有发生直接的冲突。

本书第二部分以德、英、美等大国为典型分析世界性大国与世界大战之间的关系。

　　第一次世界大战后，欧美各大国面临的一个重大问题是如何使人类避免再次发生类似的战争。世界各国政要提出了各自的看法，这其中最引人注目的是美国总统威尔逊的设想。对威尔逊总统关于战后世界的设想，国内外学者作了许多批评，有人认为这样的设想是乌托邦，是不可能实现的；有人认为威尔逊的设想仅仅是为了美国的利益，是为美国称霸世界服务的。威尔逊对战后世界的设想，无疑是从美国的国家利益出发，但是，我们也应该看到：第一，威尔逊提出了新理念：即没有胜利者的和平。威尔逊希望在第一次世界大战后，人类社会通过国际合作、国家内部改革和经济的交流来实现永久的人类和平。第二，威尔逊试图为国际社会建立规则。英国在处理欧洲局势时，有时扶德抑法，有时扶法抑德。相比较而言，美国寻求的是各国之间的合作。第三，美国关于战后世界的部分设想在当时是有争议的，但现在来看却符合发展的潮流。《凡尔赛条约》关于东欧的安排饱受争议，许多学者都对此提出批评。就短期而言，学者们对战胜国政治家们的战后设想和安排的批评不无道理，但从长时期来看，威尔逊的观念及其实施满足了东欧各族人民独立自主的愿望。

　　两次世界大战的爆发，英德的两败俱伤，说明英国主导下的均势未能给人类带来真正的和平。因此，人类要在制度层面做出创新，以避免世界一而再，再而三地陷入灾难。

　　德国未能顺利融入国际秩序，给世人留下深刻的教训。德国统一后，柏林一度是欧洲最重要的权力中心之一，但首相俾斯麦被迫辞职后，威廉二世在战略决策上的失误，在危机处理上的随意，导致了第一次世界大战的爆发。第一次世界大战后，德国也不是命定要挑战凡尔赛体系。对于凡尔赛条约，国内外学术界有不同的评价，有学者认为，凡尔赛条约对德国的处理过于苛刻，有学者认为，条约总体而言是温和的。不管怎么样，20世纪20年代，英法愿意对德国做出让步，并愿意对凡尔赛条约做出修正。德国可以选择与英法合作，对凡尔赛条约进行修正，走和平发展的道路。如果德国做出这样的选择，那欧洲就可以避免一场大灾难。但德国只是利用英法做出的让步，并把与法国的和解看作是权宜之计。到 20 世纪 30 年代，德国面对多种选择，最后选择的是战争。

20 世纪二三十年代，法国最关注的是自己的安全问题。在普法战争中失败后，法国有信心复仇，但第一次世界大战后，法国的信心受到严重打击，法国联合了英国、俄国和美国才好不容易制服了德国。战后的局势对法国也不利，美国试图为战后世界确立秩序，但又不愿使用自己的力量；英国则在理想主义和现实主义之间犹疑，既希望法、德能实现和解，又希望扶持德国，维持欧洲的均势；法国对德强硬，英美明确表示反对；法国希望与德国和解，但双方并无共识。在这样的背景下，法国的对外政策有诸多无奈。

十月革命后，苏俄一方面呼吁和平，要求立即停战，另一方面，苏俄又呼吁英法德等主要资本主义国家的工人起来革命，推翻资产阶级政权。苏俄还宣布了"废债令"，拒绝偿还俄罗斯的战前债务和战债。这样的选择使苏俄在政治上和经济上都受到资本主义各国的排挤，苏俄游离于国际政治经济体系特别是金融体系之外，苏俄的选择深刻影响了两次大战之间的国际格局。

20 世纪 30 年代，国际局势开始动荡，英国最初把远东置于其海军战略最优先考虑的地位，但随着局势的发展，英国既要在远东面对日本的挑战，又要在欧洲面对德国和意大利的挑战，能力与义务之间的矛盾日益尖锐，在这种情况下，英国把注意力集中于欧洲，远东在英国大战略中的地位逐渐降低，英国希望美国承担起维持远东秩序的重任。

本书第三部分讨论世界大战史中被忽略的中小国家。

人们一般认为，中小国家在国际关系中仅仅是大国棋局中的一个卒，但从罗马尼亚和南斯拉夫的情况来看，这样的观点虽然不能说错误，但似乎过于简单化。罗马尼亚和南斯拉夫这样的国家虽不能左右国际局势的变化，其外交活动更多的是一个被动的反应过程，但这种反应对当时的欧洲局势，还是有一定的影响。

20 世纪 30 年代罗马尼亚的外交还显示出个人在外交中的作用。罗马尼亚外长底图内斯库的个人气质、性格、能力和意志在罗马尼亚外交政策的形成、制定和实行中发挥了重要作用，他使罗马尼亚在国际上的影响远远超过了罗马尼亚所实际拥有的力量。

本书第四部分对战争与和平作了一些新的思考。

民族的成熟与否是影响战争与和平的一个关键因素。从历史上看，民族的狂热容易导致战争爆发，而成熟的民族往往能以和平的方式解决彼此的冲突。当人类各民族走向成熟之时，就是永久和平实现的时刻。对于新的世界秩序，笔者认为，中国作为一个大国，为了人类和平，要积极参与国际组织中一些规则的制定。此外，中国在注重国家利益的同时，要有理想主义，应该树立维护国际道义的世界大国形象，中国吸引世界的不应该仅仅是我们庞大的市场和廉价的劳动力，还有良好的国际形象。

1795 年，德国哲学家康德在《永久和平论》一书中写道："人类走向改善的转折点即将到来，它现在是已经在望了①"。康德不会想到在他写下《永久和平论》这本名著之后的 200 多年里，欧洲会发生那么多惨烈的战争。美国著名学者约翰·米尔斯海默对人类实现和平的前景是悲观的，2001 年，他在《大国政治的悲剧》一书的英文版前言中写道："20 世纪是一个对国际社会造成了巨大伤害的世纪……暴力的循环往复，在新的千年里还远未终结。和平的愿望可能仍不会实现②"。但我认为，人类毕竟是智慧的，在两次世界大战之后，人类发展的趋势是越来越能做出理性的决策。我相信，人类完全有能力实现永久的和平。

---

① ［德］康德：《民主和平论》，何兆武译，上海人民出版社 2005 年版，第 85 页。

② ［美］约翰·米尔斯海默：《大国政治的悲剧》，王义桅等译，上海人民出版社 2003 年版，第 41 页。

第 ◇ 一 ◇ 编

国际关系理论视角下的
世界大战起源

第一章
决策与世界大战的起源

著名军事史学家约翰·基根认为，第一次世界大战是一场不必要的悲剧①。英国首相丘吉尔认为如果不是第一次世界大战战胜国的决策者们处置不当，致使德、意、日侵略势力迅速膨胀，第二次世界大战本来是可以避免的②。

那么，欧洲的政治精英在战争到来时是如何处理国家间政治的，他们为什么未能阻止战争的爆发，什么原因使他们在处理重大国际问题时举措失当，直接导致了战争的爆发。难道欧洲在最需要具有大智慧人物的时候却没有这样的人物，在最需要杰出人物的时候有的只是二流政治家或者是我们在许多书上所看到的某某恶魔吗？

第一节　决策的制定
——研究战争起源的另一视角

决策就是在存在着诸多不确定性因素的情况下，从备选方案中做出选择的行为。从决策的角度研究战争的起源可以追溯到两千多年前。

美国学者詹姆斯·多尔蒂和小罗伯特·普法尔茨格拉夫认为，在两

---

① ［英］约翰·基根：《一战史》，张质文译，北京大学出版社 2014 年版，第 2 页。
② 丘吉尔所著的《第二次世界大战回忆录》第一章标题是"胜利者的蠢事"。

千多年以前，希腊历史学家修昔底德在他的著作《伯罗奔尼撒战争史》中，就研究过那些使城邦领导人在当时的条件下决定战争与和平、结盟与建立帝国等重大问题的因素。他不仅研究了领袖们的决策合理性问题和他们对总体环境的认识，而且研究了各种深层次的心理动机，如恐惧、荣誉和兴趣等等，这些心理动机以不同的组合形式构成了人们行为的驱动力，并为当时的社会定下了基调。由此可见，修昔底德确实是决策研究的先驱①。

《伯罗奔尼撒战争史》一书中有许多关于决策与战争起源的案例，这些案例经常出现在现代西方国际关系领域的学术著作中。

修昔底德的决策研究在西方学术界延续下来，许多现代学者用决策理论解释战争起源，其中说得最坦率的是英国著名学者 A. J. P. 泰勒。泰勒认为，只要各个国家让他们的主权不受约束，战争就会在他们之间发生——有些战争是蓄意预谋，更多的则是由于估计错误。

泰勒指出，战争就像交通事故，它们的发生有一个共通的总根源，与此同时又有种种特定的原因。……国际无政府状态使战争有可能发生，但它并不使战争一定要发生。1918 年以后，不止一个作家因论证第一次世界大战的深层原因而扬了名；不过，虽然这种论证常常是正确的，它却转移了对为什么那场特定的战争发生在那个特定的时刻这个问题的注意力。第二次世界大战也同样有着深层原因；但它同时又是从具体的事件中产生出来的，这些事件值得仔细考察②。

从泰勒的观点中，我们可以发现，他不否定学术界对战争深层原因的分析，但他认为，决策更重要，第二次世界大战就是双方决策错误的结果，而不是通常所说的人性，希特勒是恶魔，而天使般的张伯伦非常不幸地碰到了恶魔（西方有一种观点认为，如果不是希特勒失去人性，

---

① ［美］詹姆斯·多尔蒂、小罗伯特·普法尔茨格拉夫：《争论中的国际关系理论》，阎学通等译，世界知识出版社 2003 年版，第 595 页。

② ［英］A. J. P. 泰勒：《第二次世界大战的起源》，潘人杰等译，华东师范大学出版社 1991 年版，第 102—103 页。

张伯伦可以因避免战争而名垂青史)。"回顾起来,虽然很多人是有罪的,却没有人是清白的。政治活动的目的是要保障和平和繁荣;在这一点上,无论出于何种原因,每个政治家都失败了。这是一篇没有英雄也没有恶棍的故事①"。

国内较早注意决策与战争起源的是华东师范大学历史系教授李巨廉先生和潘人杰先生,他们认为,"两次世界大战的爆发、进程和结局,同主要策动国或参战国的当权集团最初决策的愿望和预期是不一致的,有时是相反的,或者是他们中有些人本来不想打,第二次世界大战前的英法苏等国甚至还做过不少维护现状、保持和平局面的努力,或者至少不想打一场如此进行和如此结局的世界战争(一次大战中的各参战国和二次大战中的希特勒等)。这就意味着:一、形势比人强,事情的客观发展,走向了当事人愿望的反面;二、当事人的主观决策(包括对诸如敌我力量对比、对方可能的反应等等一系列问题的判断)犯了错误。战后四十多年来,两个超级大国及其军事集团之间进行长达二十多年的冷战,但始终没有转化为热战,这中间有多种因素在起作用,但绝不能排除这样一个因素:人还不完全是形势的奴隶,在面临危险前景的时候,人还是表现出了控制局势的能力。"由此,李巨廉教授和潘人杰教授提出了一个问题,即"人的错误"或"人的正确行动"在酿成或避免世界战争中的作用,也就是在世界战争的起源上人的主观能动作用的方向、性质和范围的问题②。

李巨廉教授和潘人杰教授认为,"要对世界大战的起源有一个比较符合历史实际的认识,必须深入研究包含众多个人活动和偶然性因素的具体过程,研究那些在国际关系上具有重大或决定性影响的国家内身居要职的关键人物,尤其是他们的决策行动和对危机的处理。世界大战实际

---

① [英] A. J. P. 泰勒:《第二次世界大战的起源》,潘人杰等译,华东师范大学出版社 1991 年版,第 12 页。

② 潘人杰、李巨廉:《时代、格局与人——关于世界大战起源问题的若干思考》,《世界历史》1989 年第 1 期。

上是否发生，在某种程度上就取决于这些大国当权人物的决策行动和危机处理①"。

李巨廉先生和潘人杰先生的观点成文于 20 世纪 80 年代，当时的主流观点是帝国主义就是战争，两位先生的文章写得小心翼翼，在不否定主流观点的同时，提出要注意偶然性，注意对决策人物的研究。他们认为，了解政策制定者们个人的气质、性格、学识、能力和意志等，有助于我们理解他们的决策的深层动机。

美国康乃尔大学陈兼教授认为，各国学者从宏观上发掘与探讨了第一次世界大战的起源，并确实从不同的层次涉及并回答了一次大战发生的远因问题。然而，上述种种探讨并没有回答为什么萨拉热窝刺杀案会导致一次大战的爆发这一问题。

陈兼教授指出，萨拉热窝事件并不是进入 20 世纪后发生于欧洲大国间的第一场国际危机。在此之前，欧洲大国还曾卷入过多次危机，如波斯尼亚危机和两次摩洛哥危机。当那些危机发生时，"构成一次大战远因的种种因素亦已存在。为什么在 20 世纪初的一系列国际危机中，唯独萨拉热窝事件演变成了导向世界战争的悲剧性事件？"他认为，"我们可以从欧洲列强，尤其是从德国与英国对于萨拉热窝事件的处理失当中找到对于这一问题的答案。如果说，我们确实可以从帝国主义时代经济、政治发展的不平衡、大国间秘密体系的存在、国际无政府状态的恶化以及各有关国家国内危机的发展等角度来阐明与发掘战争的根源的话，那么，第一次世界大战爆发于 1914 年 8 月，而不是更早些或更晚些，则在很大程度上应当归咎于欧洲各大国（尤其是德国与英国）决策者对于危机判断与处理的失当②"。

陈兼的这一设问，与泰勒的看法有相似之处，陈兼教授将泰勒关于

---

① 潘人杰、李巨廉：《时代、格局与人——关于世界大战起源问题的若干思考》，《世界历史》1989 年第 1 期。

② 陈兼：《德国、英国与七月危机——关于国际危机处理的一项个案研究》，《世界历史》1990 年第 6 期。

第二次世界大战起源的观点运用到了解释第一次世界大战的起源，并具体到了萨拉热窝事件。国内对第一次世界大战的解释是，由于资本主义政治经济发展不平衡规律的影响，战争必然爆发，即便这次危机不导致战争的发生，下一次危机也将导致战争的发生。而陈兼教授的考虑是，为什么第一次危机能处理好，第二次危机能处理好，而第三次危机会处理不好呢？人在趋势面前并不是无能为力的，否则，历史将会变得单调乏味。正如恩格斯所说："把理论应用于任何历史时期，就会比解一个最简单的一次方程式更容易了。①"

　　近年来，西方学者对决策如何影响战争的爆发做了进一步的研究。美国学者理查德·内德·勒博先生以第一次世界大战为例，说明当时奥匈、俄国和德国三国的决定直接事关战争与和平。在他看来，总参谋长康拉德是导致奥匈选择战争的主要人物。奥匈皇储遇刺事件发生后，他认为事关奥匈的荣誉，必须惩罚塞尔维亚人才能帮助奥匈找回大国的威信②。而德国参战的主要原因是德国总参谋长小毛奇憎恨法国，希望惩罚法国，因此渴望发动战争③。

第二节　战略决策与战争起源

　　战略决策是长周期的，受国内的政治体制、经济发展程度和周边环境等客观性因素的影响比较大，但其中也有较大的主观性和偶然性因素。

　　德国统一后，其国际战略最起码有两种选择，一是满足于现状，二是挑战世界。俾斯麦任首相时就将德国限于在欧洲大陆称霸，在俾斯麦看来，"普法战争后的欧洲局势对德意志来说是比较理想的状态，与其

---

① 《马克思恩格斯选集》第4卷，人民出版社1972年版，第477页。

② ［美］理查德·内德·勒博：《国际关系的文化理论》，陈锴译，上海社会科学院出版社2012年版，第277—280页。

③ ［美］理查德·内德·勒博：《国家为何而战？过去与未来的战争动机》，赵洋等译，上海人民出版社2014年版，第37页。

重复以往的战争，倒不如继续保持和平状态①"，因此，大陆政策最符合德国的国家利益，虽然与奥匈结盟，但没有必要为巴尔干牺牲德国士兵宝贵的生命。有人认为俾斯麦的下台，是因为公众的民族主义热情日益高涨，但是，精英是能够引导民众的。俾斯麦能长期出任首相，应归功于威廉一世，威廉一世不喜欢俾斯麦，甚至厌恶俾斯麦的为人，但他看重俾斯麦的才干，让俾斯麦执掌德国大权三十多年，自己甘居幕后。

而威廉二世出任国王后，却立即罢免了俾斯麦。威廉二世是非常不成熟的一位国王，他的父亲在去世前两年曾这样写道："鉴于我的儿子不成熟，又具有傲慢自负、自高自大的倾向，我不得不认为，在这个阶段让他接触外交政策问题，实属危险之事②"。政治学家理查德·内德·勒博认为，威廉二世并不想要战争，只是在真正危急形势的压力下，他不相信自己的感觉而固执己见。在危急时刻，皇帝陛下会痛苦地意识到，他决不能把自己的军队带进战场。他很清楚自己是个神经衰弱的人，他那些充满火药味的黩武演说，只是想让其他国家得到这么一个印象，即他是个弗雷德里克大帝或者拿破仑式的人物③。

可以说，第二次工业革命后，德国经济高速发展，也相应面临诸多国际国内问题，在德国最需要杰出的政治家的时候，来了一个平庸而又好大喜功的国王。威廉二世挑战世界的姿态给德国带来了灾难。

第一次世界大战后，德国也是有选择的，德国可以选择与英法合作，在现存的国际秩序内改善德国的生存环境。斯特莱斯曼是这样考虑的，洛迦诺会议就是合作的一个行动。但大危机后，特别是纳粹上台后，德国迎来了希特勒，在英法等国已经厌倦战争，愿意对凡尔赛条约做一定的修正，对德国的要求愿意做出一定的让步的情况下，德国放弃与英法

---

① ［日］入江昭：《二十世纪的战争与和平》，李静阁等译，世界知识出版社 2005 年版，第 11 页。

② ［德］艾米尔·路德维希：《德国人——一个民族的双重历史》，杨成绪等译，东方出版社 2006 年版，第 375 页。

③ ［美］小约瑟夫·奈：《理解全球冲突与合作：理论与历史》，张小明译，上海世纪出版集团 2012 年版，第 118 页。

的合作，再一次选择了挑战。

德国如此，英国的战略决策因政治精英的选择也出现了问题。

首先，英国不关心法国对自身安全的担忧，在局势紧张时迟迟不与法国结盟。

第一次世界大战后，维护凡尔赛体系主要是英、美、法、意四个国家，由于威尔逊总统未能说服参议院批准条约，而意大利是一个相对弱小的国家，因此，英国在大陆的一个重要依靠是法国。但是，第一次世界大战后，英国一直无视法国对安全方面的忧虑。

英国以世界霸主自居，不愿以与法国结盟的方式来保证法国的安全，英国更愿意以仲裁者的地位来处理德法关系，在英国人眼里，"英国是骑手，而法国是英国的坐骑①"。

在 20 世纪 20 年代，英国的忽视还有部分理由。一是法国确实拥有欧洲最强大的陆军，且在东欧还有与其盟国一起构成的防御体系，而德国则相对弱小。二是国际局势相对平静，远东的日本推行协调外交，愿意与英美合作。德国也致力于经济的发展，斯特莱斯曼也主张与协约国合作。

20 世纪 30 年代，在远东的日本已直接对英国发起挑战，而在欧洲，德国的右翼势力趋于活跃时，英国仍然忽视法国的安全考虑则是极大的失策。

其次，纳粹在德国上台后，英国政府始则零敲碎打，后又选择了绥靖政策。

1933 年，纳粹上台后，英国政府内部就对德政策有过激烈的争论，一种意见认为纳粹政权的建立改变了一切，纳粹是潜在的最有威胁的敌人。德国可能会用武力改变一切，对此，英国应坚决反对，否则最终会被拖进 1914 年那样的大战。根据这一意见，英国应迅速重整军备，积极介入欧洲事务，寻求建立与法国的战略同盟，不能对德国的要求做出太多的让步。这是一种以实力作依靠积极维护欧陆均势的外交。另一种意

---

① ［英］约翰·惠勒－贝内特：《慕尼黑——悲剧的序幕》，林出武等译，北京出版社 1978 年版，第 257 页。

见认为，要保持"行动自由"，英国的边界在莱茵河，英国的义务仅限于保护低地国家不遭占领和阿尔萨斯、洛林不再划归德国，也就是说，英国要保持行动自由，不因法国的义务而受约束和牵连。"总之，英国的安全第一，英国的行动自由第一，不要卷入欧陆冲突，这也意味着对英国原来的欧洲政策即均势政策的某种背离。[①]"

最后，第二次世界大战前夕，在是否与苏结盟这一重大战略决策上，英国政府的决策犹犹豫豫。

第一次世界大战后，英国无视俄罗斯的缺席对欧洲力量平衡的影响。近代史上，在英国的均势外交中，俄国一直是一个非常重要的因素，拿破仑战争中，俄罗斯一次次成为英国的重要盟国，并成为击败拿破仑帝国最重要的力量，第一次世界大战中，也是俄罗斯让德国陷于两线作战。而俄罗斯的革命，一时使力量平衡非常有利于德国，直至美国的正式参战才挽救整个战局。

在"二战"前夕，丘吉尔尽管对苏联没有好感，但主张加速谈判，尽快与苏联结盟，认为这是制止战争的最后机会。而张伯伦则将自己对苏联的好恶融入其对苏谈判中，声称：我必须承认对俄国极不信任，我不相信它有能力维持有效的攻势，即使它想这样做。而且，我怀疑它的动机。在我看来，这些动机与我们的自由思想几乎没有什么联系，并且它只关心把别人搞得面面不和[②]。

1939 年 5 月的英国外交部备忘录就缔约的优缺点作了全面的分析，这份分析显示了英国方面对谈判的态度。

缔约对英国的坏处是：第一，英国将会失去与德国达成谅解的一切希望；第二，可能会使日本加强同德意的合作；第三，更进一步的问题是，不管是由于波兰或罗马尼亚抗德失败，或是由于德国经海路或越过

[①] 李巨廉、潘人杰：《第二次世界大战——专题述评》，华东师范大学出版社 1990 年版，第 85 页。

[②] 李巨廉、王斯德主编：《第二次世界大战起源历史文件资料集（1937.7—1939.8）》，华东师范大学出版社 1985 年版，第 538 页。

波罗的海国家进攻苏联，英国政府都可能不是为了保护欧洲小国的独立，而是为了支持苏联抗德而卷入战争。缔约对英国的好处是：第一，这也可能是避免战争的唯一途径；第二，能够获得苏联支持而巩固英国正在努力建立的东方战线，使德国处于两线作战；第三，如果必然要爆发战争，可以把苏联也卷进去，否则，到战争结束时苏联军队毫无损伤，而英德两国倾家荡产，苏联将会统治欧洲。备忘录虽然总体倾向于与苏联缔约，但强调在可能同苏联达成的任何安排中，最好能用我们提供给苏联的任何东西换取最大的收益①。

备忘录显示了英国外交部官员的外交素养，对与苏联结盟的利弊分析得清清楚楚、明明白白。但另一方面，鉴于几个月后，"二战"就全面爆发了，这表明英国外交部对局势的估计过于乐观了，没有感觉到苏联的态度可能发生的变化，没有感觉到德国与苏联结盟的可能性。

英国在大战略上犯下大错，它的政府高层对此是要负相当责任的。

华东师范大学王斯德教授指出：希特勒为什么敢于在没有做好充分战争准备的情况下挑起战争，正是由于英国政府的"优柔寡断和动摇犹豫，破坏了希特勒最害怕的反侵略联盟，打消了希特勒时刻担心的英法干涉的顾虑，终于使希特勒决心提前发动世界大战②"。

中国人民大学时殷弘教授认为："作为保守党内阁首相和30年代联合政府中最有实权的人物，鲍德温执政达八年之久。然而，这位富有的工业家在眼界、见识和气质方面，同世纪之初出身于大贵族的保守党首相索尔兹伯里或贝尔福迥然有别，特别是缺乏他们那种对国际关系的敏锐见解和作为英国外交思想传统的均势意识。他甚至远不如一般的商人：生性庸惰，漫无规划，他只是在无可规避时才有所行动，然后其行为由直觉而非清醒的理智来决定。工党墨客麦克唐纳两度担任首相，在鲁尔

---

① 李巨廉、王斯德主编：《第二次世界大战起源历史文件资料集（1937.7—1939.8）》，华东师范大学出版社1985年版，第254号文件。

② 王斯德、钱洪主编：《第二次世界大战起源研究论集》，华东师范大学出版社1986年版，第178页。

事件期间和希特勒上台前后几年可谓英国外交的关键人物。他有一般工人贵族的虚荣欲望和社会势利心，却无典型的工会头目排斥玄想的实用主义精神。①"

第三节　危机处理与战争起源

当大国之间的关系因某一局部危机将发生重大转折时，该局部危机的处理是否得当就会影响到战争与和平。在危机处理中，主观因素就显得非常关键。

第一，危机处理时对盟友的无条件支持，会导致危机的升级，进而引发战争。

萨拉热窝事件发生后，奥匈帝国内部对如何处置是有不同看法的。当维也纳获悉斐迪南大公被刺后，奥匈帝国的政府高层认为，塞尔维亚应该对此事负责，并应当受到惩罚。但是，如何惩罚，惩罚到什么程度，奥匈帝国内部的意见是有分歧的。约瑟夫皇帝和首相施图赫认为要惩罚塞尔维亚，但要根据刺杀案调查后的情况再作决定。外交大臣伯克特德和总参谋长康拉德·冯·霍森多夫等人的反应则比较强烈，前者主张对塞尔维亚采取严厉的报复行动，后者则认为应立即实行军事动员。双方相持不下，争论不决，最后决定征求德国的意见②。奥匈帝国想了解柏林的态度后再作定夺。

从理论上来说，当时德国决策者面前有着两种可能的选择：一是建议奥匈帝国大事化小，小事化了，要处罚塞尔维亚，但要适可而止。二是全力支持奥匈帝国，对塞尔维亚采取强硬姿态。鉴于德国是奥匈帝国在欧洲主要大国中的唯一盟友，德国的选择将会影响奥匈帝国的决策。

①　时殷弘：《旧欧洲的衰颓——论两战之间的英法外交与国际政治》，《复旦学报》1999年第6期。

②　Imauel Geiss (ed.), *July 1914：The Outbreak of the First World War, Selected Documents*, London：Batsford, 1967, pp. 55, 64.

德国迅速做出了反应。德皇威廉二世在 1914 年 7 月 5 日接见奥匈帝国驻德大使冯·索格雅尼—马利克时表示，奥匈帝国在其与塞尔维亚的冲突中可以指望德国的完全支持，如果奥匈帝国因此而卷入与俄国的冲突，德国亦将忠实地站在奥匈帝国一边。

德国的立场对奥匈帝国的危机对策产生了极为重大的影响。同年 7 月 7 日，奥匈帝国内阁与总参谋部举行联席会议。会议决定，应立即"或使用战争手段或使用和平手段"来一劳永逸地解决塞尔维亚问题。多数人在会上主张，应当向塞尔维亚提出难以接受的要求，从而迫使塞尔维亚诉诸武力解决。如果没有德国的全面支持，奥匈帝国不太可能持这样激进的立场。德国对于萨拉热窝事件的初步反应造成了七月危机的恶化。

学术界普遍认为，威廉二世向奥匈帝国特使开的空白支票加剧了危机。假如威廉二世能够对奥匈帝国特使稍稍有所保留，局势不至于如此走向。毕竟当时的塞尔维亚并不准备与奥匈帝国开战，法国、俄罗斯和英国都不想与德国交战，俄罗斯就曾劝告塞尔维亚，只要奥匈帝国的要求不过分，塞尔维亚可以考虑做出让步。

德国做出这一决策的重要原因是，奥匈帝国是它唯一的盟友。

同盟是为了增强自己的实力，现在是担心盟友不信任自己而加入战争。德国担心在这关键时刻若不坚决帮助奥匈帝国，奥匈会离自己而去，去寻找新的盟友，那自己将成孤家寡人了。

第二，对危机的严重后果认识不清，将导致危机升级。

萨拉热窝事件爆发后，英国的反应是温和的。在英国看来，这不过是又一次新的国际危机而已，无非召开一次国际会议，英国居间调停，塞尔维亚自然要受到处罚，只要奥匈帝国别太过分，问题就解决了。

英国的这种反应是可以理解的。英国是国际秩序的维护者，作为一个老牌帝国，英国清楚地知道，战争对英国绝不是最好的选项，战争特别是大规模的战争只会损害大英帝国的经济利益。因此，英国希望萨拉热窝事件能够得到和平解决。

问题是，萨拉热窝事件能否获得和平的解决并不仅仅取决于英国。波斯尼亚危机中，法国告诫俄罗斯做出退让，俄罗斯尚未从 1905 年日俄战争中恢复过来。如今奥匈帝国向塞尔维亚提出无法满足的要求，如果俄罗斯再一次要塞尔维亚让步，那么，俄罗斯今后在巴尔干的地位将会一落千丈；而俄罗斯不作让步，法国倘若再一次要求俄罗斯让步，那么，俄罗斯将会失去对法国的信任，这是法国无法承受的。

英国忙于处理爱尔兰问题，没有看到萨拉热窝事件的严重性，对萨拉热窝事件处理的漫不经心，从某种程度上说加速了危机的升级与恶化。

第三，一方一厢情愿地处理危机，会加速危机走向战争。第二次世界大战的一个重要特点是，从局部战争走向全面战争，希特勒的扩张战略是一次切一片。面对这一局势，英国首相张伯伦一厢情愿地认为，希特勒只想建一个德意志人的帝国。鉴于此，张伯伦的重点是确保西欧，对东欧则持放任态度，并迫使法国放弃对中东欧盟国所负的义务，终致把捷克斯洛伐克献上祭台。

第一次世界大战前，格雷及其他英国决策者从一开始便认为，萨拉热窝事件是有可能获得和平解决的。在危机发展的过程中，英国决策者一直未明确向德国表明，英国不可能容忍一场将会从根本上改变欧洲均势的大战。德国误以为英国将会保持中立。直到危机的最后关头，英国才明确表示不会置身于欧洲冲突之外，但此时已经没有什么能够改变从危机到战争的发展趋势了。

第四，领导人的无能会加速危机的升级。

第一次世界大战使法国伤亡惨重，许多学者认为，法国在第一次世界大战中失去了太多未来的精英。在两次大战之间，法国无论是政界还是军界，没有像样的人才，只有一个戴高乐。

英国也存在这样的情况，"战后英国国务总的来说由商人政客和工会领袖交替掌管，而且事实上被付托给其中的格外庸碌或空疏之辈，至少就关乎整个世界安全的外交事务来说是如此。当然，只是到内维尔·张伯伦执政期间，由于慕尼黑事件这特别丑恶的一幕，英国政治领导人和外交素质的败坏才变得臭名昭著。在产生了一位殖民大臣和一位外交大臣的张伯伦家族中，他被认为缺乏政治才能，因而多年里只能走经商之路。即使后来步入政界以至担任内阁要员，他仍像其兄奥斯丁毫不客气地提醒的那样，对外交事务一窍不通。他以商人般的讲求实际，断定奢谈集体安全、小国权利和禁止侵略早已徒劳无益，欧洲必须以英德法意四强互相协调和共同主宰作为新的秩序基础。他还相信用欧洲境内的少许领土变更可以满足希特勒使之从不守规矩的局外人变成大国俱乐部内负责任的一员①"。

第四节　开战决策

　　李巨廉教授和潘人杰教授认为，就发动战争的积极性而言，一般有两种情况：一种是交战一方积极主动发动战争，一种是交战双方都积极主动地发动战争。对于后一种情况，如果再作深入分析，那么仍然可以看到其中一方发动战争的积极性和主动性更高②。

　　一场战争是否打得起来，什么时候打起来，最后都必然落实到积极主动或比较积极主动地发动战争的一方的战争决策上。在这里，个人的作用和偶然性的因素就发挥着更大的作用。

　　第一，如果领导人低估对手的实力，相信自己能以很小的代价赢得战争，这就可能导致战争的爆发。1937 年日本发动对华全面战争，一个重要前提是认为中国不堪一击，日本三个月内就可以消灭中国军队。与这一情况相类似的是，对战争的残酷性估计不足，也可能导致战争的爆发。第一次世界大战爆发前，无论是德国还是法国，都以为战争不可能持久，德国相信半年之内可以结束战争，当战争爆发时，姑娘们亲吻德

---

　　①　时殷弘：《旧欧洲的衰颓——论两战之间的英法外交与国际政治》，《复旦学报》1999 年第 6 期。

　　②　李臣廉、潘人杰：《第二次世界大战——专题述评》，华东师范大学出版社 1990 年版，第 85 页。

国小伙子，希望他们在圣诞节前回国。法国也认为经过一、二次会战，就会分出胜负。英国认为它不需要派出多少陆军，而只需出动海军就可以了。谁也没想到，战争会持续4年之久。

"第一次世界大战之前，大多数欧洲人都没有想到这场战争的代价。历史学家詹姆斯·乔尔指出，在整个欧洲的政府内外几乎没有人预计到这场旷日持久而且造成巨大破坏的世界大战。德国总理特奥巴尔德·冯·贝特曼－霍尔维格预想的是短暂的风暴。英国外交大臣爱德华·格雷在1914年向下院保证：如果我们参战，我们所遭受的伤亡会很少，甚至比我们不参战也多不了多少。"①

第二，领导人如果判断对方软弱无能，就将会在谈判中采取强硬立场，动辄以武力相威胁，以获得较大的让步，且在危机时刻做出开战决策。第二次世界大战前，英国和法国的领导人就给希特勒留下了软弱可欺的印象，希特勒一次次用战争威胁从英法获得巨大的让步。希特勒在背后称英国首相张伯伦为"毛毛虫"，认为要趁自己还活着而张伯伦、达拉第仍在英、法掌权的情况下提前发动战争。

第三，领导人对对方盟国参战情况的判断失误也可能导致战争的爆发。第一次世界大战前，德国领导人认为，英国将保持中立，法国和俄国也就不会与德国交战，即使与法俄交战，德国也有胜算。因此，德国放任自己的盟友奥匈帝国向塞尔维亚采取极为强硬的态度，从而导致第一次世界大战的爆发。同时，如果领导人过于自信，相信第三国有能力，也愿意在战争期间对本国施以援手，这就会让该国在国际危机中寸步不让、态度强硬。这样的强硬政策也可能让危机扩大化，进而引发战争。第一次世界大战前的奥匈帝国就是如此，奥匈帝国认为，德国是其可靠而又非常强大的盟友，因此，奥匈帝国在处理萨拉热窝事件时，提出了令塞尔维亚无法答应的要求，并最终引发第一次世界大战的爆发。

第四，领导人对局势判断不清，在危机面前犹豫不决、态度不明也

---

① ［美］斯蒂芬·范·埃弗拉：《战争的原因》，何曜译，上海世纪出版集团2007年版，第31页。

会加剧危机的升级，使对方产生误判，导致战争的爆发。西方学者普遍认为，第一次世界大战前，英国外交大臣格雷在关键时刻态度暧昧，未明确告诉德国，一旦德国与法、俄交战，英国将站在法、俄一边，这是"一战"爆发的重要原因。

第五，赌徒心理也是引发战争的一个重要因素。"二次大战"前德国入侵波兰，希特勒作此决策的一个重要前提是张伯伦会再一次让步，德国可以又一次把既成事实摆在英法面前。

结　语

西方学者的研究非常强调个人的作用，如埃及女王的美貌与战争的关系，有人认为，如果埃及女王的容貌稍稍逊色一些，也许当年围绕埃及的战争会少许多。甚至有人假设，如果希特勒当年考上他喜爱的美术学院，那么，人类也许能避免第二次世界大战的灾难。

中国学者往往不太赞同这一对战争起源的解释，他们更多地从社会中寻找战争的根源。在他们看来，即使没有希特勒，只要资本主义发展不平衡规律存在，其他类似希特勒的人物也会出现。

不管怎样，只注意长远的原因，而忽视个人的作用，是不合理的，历史毕竟是人创造的。

西方学者一直在讨论的问题是，人能否做出最理性的决策。

一种观点认为，决策过程中包含着重要的理性成分。决策者在考虑了所有可能性之后，能够做出最优选择。另一种观点认为，在紧张和焦虑的情况下，决策者可能不会按照被称为理性的效用标准行事。在各国的领导人作决策时，有些情况比较清楚，容易被人们所认识和把握，但另一些形势则比较复杂，很难为人们所掌控。在危机时刻，要对别国的意图进行准确的分析极为困难。所以在紧急时候，也会有不理性的决策[①]。

[①]　[美]詹姆斯·多尔蒂、小罗伯特·普法尔茨格拉夫：《争论中的国际关系理论》，阎学通等译，世界知识出版社2003年版，第602页。

人类的趋势是越来越能做出理性的决策。从战略决策的角度来看，第二次世界大战结束后，苏联一度以推翻资本主义世界为国家战略，但在冷战结束后，当今世界以挑战国际秩序为目的的国家战略已不复存在，即使对国际秩序有看法，也主张以改革的方式来处理。从危机处理角度来看，大国之间能越来越灵活地处理彼此的矛盾；从开战决策的角度看，尽管冷战时期有代理人之间的战争，但大国之间特别是美苏之间，能尊重彼此的势力范围，通过对危机的管控，避免超级大国之间发生战争①。

---

① 本章部分内容发表在《历史教学》2017 年第 2 期，题为《决策与世界大战的起源》。

第二章

国内政治与战争的起源

人类一直缺乏相处的艺术，国内如此，国际上也是如此。法国政治家乔治·克里蒙梭曾这样说过，"我为阿提拉及其同类的行为感到歉意，但安排人类如何相处的艺术要比屠杀他们的艺术复杂得多①"。

根据学者们的考证，原始部落时代就有战争。战争的原因可能是争夺领地，可能是掠夺对方的劳动产品；也有为了部落的长远发展，去争抢另一部落的女性，这其中最著名的是罗马抢夺萨宾部落的妇女为妻的传说。

随着民主政治的确立，人类找寻到了国内个体之间的相处之道。但国际上，战争依然是国与国之间解决争端的重要手段之一。

第一节 专制体制与战争起源

专制导致战争，民主造就和平，这是冷战结束后西方国际关系理论界流行的一种理论，该理论从国内政治体制的角度来理解人类历史上的战争与和平。

1791 年，托马斯·潘恩曾对法国大革命的成就作如下评价："君权——

---

① ［加］卡列维·霍尔斯蒂：《和平与战争——1648—1989 年的武装冲突与国际秩序》，王浦劬等译，北京大学出版社 2005 年版，第 154 页。

人类公敌和苦难的来源——被废除了；主权本身重返其自身和原初的位置——国家"。"如果整个欧洲都能实现上述转变"，那么，"战争之源便能随之得到消除。"民主政体是优秀而和平的国家形式，由人民来控制政策即意味着和平。潘恩这一结论的理由是，人民的利益在于和平，但是他们的统治者却要发动战争。他们之所以能这样做，是因为人民还没有清楚地意识到他们的真正利益所在，但更为重要的是，人民即便意识到了他们的真正利益，这些利益也从未在政府政策中得到过体现①。

1795 年，康德在《论永久和平》一书中提出，专制是战争的根源，"在一种那儿的臣民并不是国家公民，因此那也就并不是共和制的体制之下，战争便是全世界最轻而易举的事情了，因此领袖并不是国家的一分子而是国家的所有者，他的筵席、狩猎、离宫别馆、宫廷饮宴以及诸如此类是一点也不会由于战争而受到损失的。因此他就可以像是一项游宴那样由于微不足道的原因而做出战争的决定，并且可以漫不经心地把为了冠冕堂皇起见而对战争进行辩护的工作交给随时都在为此做着准备的外交使团去办理②"。

在康德的这段分析中，他谈到了专制容易导致战争爆发的两个原因，一是专制体制下决策的随意性；二是专制者不会因战争影响生活。

康德认为专制导致战争，但康德反对使用武力干涉其他国家的体制，明确否定了战争作为国家天赋的权力。因为"国际权利的概念作为进行战争的一种权利，本来就是完全无法思议的，因为那样一种权利不是根据普遍有效的、限制每一个个体自由的外部法律，而只是根据单方面的准则通过武力来决定权利③"。

康德对人类和平的到来是乐观的，他说语言和宗教的不同确实导致了民族或国家之间的"互相敌视的倾向和战争的借口，但是随着文化的

---

① ［美］肯尼思·华尔兹：《人、国家与战争》，信强译，上海世纪出版集团 2012 年版，第 78—79 页。

② ［德］康德：《永久和平论》，何兆武译，上海人民出版社 2005 年版，第 16 页。

③ 同上书，第 23 页。

增长和人类逐步接近于更大的原则的一致性，却也会引向一种对和平的谅解，它不像那种专制主义（在自由的坟场上）那样是通过削弱所有的力量而是通过它们在最生气勃勃的竞争的平衡之中产生出来并且得到保障的①"。

在康德之后，不断有学者和政治家分析国内政治体制与战争、和平的关系。

1849 年，英国自由派人士科布登提出："我们应该到哪里去寻找正在积聚的战争的乌云？我们又在哪里可以看到战争乌云的涌现呢？嗨，它来自北方的专制政府，在那里，一个人手中掌握着 4000 万农奴的命运。如果我们想知道战争和动乱的第二大危险来自何处，答案就是俄国——一个悲惨和堕落的国家——的那个'行省'奥地利，一个在专制和野蛮程度上仅次于俄国的国家，在那里，你可以再次发现最重大的战争危险。相比之下，在那些人民实现自我管理的国家——例如英国、法国和美国——你将会发现战争决非人民的意愿，而如果政府希望发动战争，人民将会予以制止②"。

不过学者们的思想只停留在纸上，政治家眼里，战争的起源是国家为了安全，需要争夺权力。18 世纪和 19 世纪维持和平的不是国内政治体制，而是均势。均势被欧洲众多列强奉为对外政策的指导方针，这其中，英国是最熟练的"离岸操纵者"。

第一次世界大战的爆发，意味着均势无法保持人类的和平，人类的和平若完全依靠恐怖的军事平衡来维持，那是人类的耻辱。面对无数年轻人的死伤，面对战争带来的巨大的经济损失，人类需要有一个合理的解释，这样才能给人类带来新的希望。

美国总统威尔逊在需要新的理论时，提出了他的理想主义。威尔逊又一次将专制与战争、民主与和平联系起来。

---

① 〔德〕康德：《永久和平论》，何兆武译，上海人民出版社 2005 年版，第 37 页。
② 〔美〕肯尼思·华尔兹：《人、国家与战争》，信强译，上海世纪出版集团 2012 年版，第 6—7 页。

威尔逊认为，战争的发生是因为独裁。威尔逊在 1917 年 4 月参战演说中提出："'世界和平必须建立在政治自由的可靠基础上'，只要'这种政府（独裁政府——引者）的有组织的武力'的存在，'那对于全世界的民主政权就不可能有确实的安全。'……战争的前兆正是追求帝国、霸权和领土吞并的欲望。只有一小撮统治者以及军人的返祖倾向才汲汲于此。①"

威尔逊将决策的统治者与普通民众作了区分。

"他们的政府参加这场战争并不是他们的倾向……做出这场战争的决定与不幸的旧时代的战争的决定一样，人民的意见并没有得到统治者的尊重，之所以挑起与发动战争是为了迎合王朝中一小撮野心勃勃的人们的利益，他们长期以来把人民视为爪牙与走狗……只有自由的民族才会将他们的目标与荣誉系于一个共同的目的，并将人类的共同利益置于他们自己的狭隘利益之上。②"

美国学者认为："威尔逊通过对战争原因和性质的分析，认定大战的原因正是欧洲各国盛行的专制统治和均势外交。因此其确保世界永久和平的民族自决原则就由两部分组成；一是建立被统治者同意的政府，保证公民在国家事务中的权利，保证领土的变更以相关居民的利益为重；二是组建国际联合组织，通过国际社会的协调与合作，保证世界的和平稳定及各国的平等权利。③"

威尔逊对战争起源的解释和对战后世界秩序的设想使其名噪一时，可以说，他的思想影响了一个时代。尽管在巴黎和会上，美国遭到英法一定程度的排斥，威尔逊回国后，其参与领导世界的思想也未被美国人民所接受，但第一次世界大战后的安排明显可以看到其留下的痕迹。即使在美国国内，威尔逊主义也不乏追随者。

不过，当时的美国也有不同意见。如后来的国务卿休斯等人认为，

---

① ［加］卡列维·霍尔斯蒂：《和平与战争——1648—1989 年的武装冲突与国际秩序》，王浦劬等译，北京大学出版社 2005 年版，第 163 页。

② 同上书，第 161 页。

③ 史晓红：《威尔逊民族自决原则研究综论》，《河南大学学报》2010 年第 3 期。

民主国家不一定爱好和平，专制国家未必一定会挑起战争，因为"专制君主同其他人一样也可能厌恶战争，而民主国家从不缺少煽动民众情感的领导人①"。休斯甚至认为，民主制度不利于与其他国家缔结结束争端的国际协定，这是因为国际协定意味着要做出一些让步和妥协，而政府的这些让步会受到反对党的攻击，给那些"以爱国的名义持极端立场的批评者提供特别的机会"，因此"民主国家可能不愿意卷入战争，但也极难为了和平的利益而达成妥协②"。

第二次世界大战后，关于专制导致战争发生的论断有了进一步的历史根基，德国和日本是第二次世界大战的策源地。综合学者们的分析来看，专制导致战争的原因是：

第一，在专制国家里，统治者对战争的残酷性没什么感受。死亡在专制统治者眼里不过是一串数字而已，战士的伤残也最多换来统治者怜悯的一瞥。专制者也不会因发动战争而丧失特权。

第二，专制国家容易挑起战争，或为转移国内的社会矛盾，或者认为有利可图，或者因独裁者本人的一时兴起。19世纪中后期俄国一位颇有影响力的将军斯科别利夫曾这样指出，"除非沙皇俄国能够在海外取得重大的军事胜利，否则难逃覆亡的厄运。"法国学者博丹认为，"保全一个国家，并使之免受暴动、叛乱和内战纷扰的最佳手段，就是使其臣民彼此友好相处。而为了实现这一目的，就需要寻找一个可以齐心协力应对的敌人③"。

---

① Charles E. Hughes, "The Pathway of Peace", *Representative Address Delivered before the Canadian Bar Association at Montreal*, Sept. 4, 1923, Harper & Brothers, 1925, p. 11. 转引自王立新《超越凡尔赛：美国共和党政府的国际秩序思想及其对欧洲稳定与安全的追求（1921—1929）》，《世界历史》2015年第1期。

② Charles E. Hughes, "The Pathway of Peace", *Representative Address Delivered before the Canadian Bar Association at Montreal*, Sept. 4, 1923, pp. 12, 13. 转引自王立新《超越凡尔赛：美国共和党政府的国际秩序思想及其对欧洲稳定与安全的追求（1921—1929）》，《世界历史》2015年第1期。

③ ［美］肯尼思·华尔兹：《人、国家与战争》，信强译，上海世纪出版集团2012年版，第66页。

第三，专制国家容易诉诸战争解决它们之间的冲突。专制国家与专制国家或与民主国家发生矛盾时，它们无法做到彼此尊重，也不受各种制度的约束，缺乏有效解决彼此争端的相应程序。

第四，专制国家做出战争决策缺乏程序。公共舆论或国内政治机构对政府的决策无制约作用，专制国家在做出决策时理性不足。

第五，专制体制下，政府常常会鼓动民众的狂热情绪，而狂热是战争的催化剂。当然，在一些不成熟的民主国家也存在着狂热现象。

第二节　利益集团与战争起源

阶级和利益集团是政治学的概念。学者们将这一概念运用到国际关系研究中，试图从阶级和利益集团这样的层次分析战争的起源。

第一，工商业集团的利益与战争起源。

学者们认为，"随着技术进步，社会所需资源的种类更多，数量也更大，如果这些需求得不到满足，社会将寻求开发新的潜能。如果这些需求无法在国界之内得到满足，横向压力就会形成，并到国界之外去满足这些需求，其表现方式有：商业活动、建设海军和商业舰队、向国外领土派遣军队、获取殖民地和外国市场、建立国外军事基地及其他途径。这样，一个国家横向压力的扩张可能会得到其他国家的默许，也可能招致其他国家的抵抗。所有横向压力中都包含着导致国际冲突的潜在危险。通常的假设是，随着利益的增长，利益需要得到保护。这意味着军事开支的增加和竞争或敌意的增长[1]"。

由此可见，随着一国经济的发展，它和海外的联系越来越紧密，这些海外利益需要国家的保护，一旦和其他国家在利益上发生冲突，国与国之间极可能爆发战争。因此，与海外利益紧密相连的群体很可能推动国家走向战争。

---

[1]　[美] 詹姆斯·多尔蒂、小罗伯特·普法尔茨格拉夫：《争论中的国际关系理论》，阎学通等译，世界知识出版社 2003 年版，第 322—323 页。

以 19 世纪后期的德国为例，在考虑建造大舰队问题上，"工业界才是占压倒优势地支持建设这支舰队的。他们既对在这种建设中能获得利益感兴趣，而且也对这支舰队能有用于帝国主义目的的服务及其血腥感兴趣。克虏伯的发展是严重依赖于政府合同的，因此，它也像其他的钢铁、造船、采矿和化学利益集团一样，有着直接的利润上的动机。但对建设海军的热情并不限于重工业部门，新兴的工业部门如通用电气公司、西门子电气公司等，它们虽不赞成由重工业部门促成的工业保护主义关税，然而也是舰队建设的热情支持者[1]"。

日本也是如此，对东北的侵占，对华北的渗透，一个重要原因是为了本国的资本和产品有垄断性的市场，财阀在日本对外扩张的进程中起了非常重要的作用。

但这当然不能一概而论，第二次世界大战前，德国国内部分与英美关系密切的一些工商业人士对战争兴趣不大。如帝国经济部长沙赫特为代表的部分工商业集团就对纳粹把大量经济资源用之于备战持反对态度，沙赫特因此失去希特勒的信任。

第二，军人集团与战争起源。

威尔逊在第一次世界大战后就指出，"甚至在成熟的民主制度下，仍然会有一些特殊利益群体，它们为了一己之私利而极力扩大影响。民主政府的任务是将共同利益组织起来反对这些特殊利益[2]"。

在威尔逊的黑名单中，职业军人是罪魁祸首。军人是基于战略性的、军事的以及经济的理由，曾经筹划了 1815 年的和约。同样，军人也必须对阿尔萨斯－洛林事件负责。正是军人，使欧洲犯了一次又一次的大错[3]。

艾森豪威尔总统曾敏锐地指出这一点。

①　李工真：《德意志道路——现代化进程研究》，武汉大学出版社 1997 年版，第 195 页。

②　［加］卡列维·霍尔斯蒂：《和平与战争——1648—1989 年的武装冲突与国际秩序》，王浦劬等译，北京大学出版社 2005 年版，第 160 页。

③　同上书，第 162 页。

艾森豪威尔在其告别演说中称："一支庞大的军队和一个大规模军事工业相结合，在美国是史无前例的。它的全部影响——经济的、政治的，甚至精神的——在每个城市、每座州议会大楼、每一联邦政府机构内都能感觉到。……在政府各部门，我们必须警惕军事—工业联合体取得无法证明是正当的影响力，不论它这样追求与否。……当一个国家军工复合体过于强大，以至于它主导了政府部门时，它会使得政府部门做出极不理智的行动。因此，当国家被这样的利益集团操控的时候，国家更容易夸大当前的威胁，推动战争的爆发。[①]"

艾森豪威尔总统的演说引出了一个重要概念即军工复合体。

首先，军队需要先进的武器装备和更高的待遇；其次，军工企业想得到更多的订单；再次，国会议员为了得到选票，希望他所在选区内的军工企业能提供更多的就业机会。

这些相互关联的利益需求形成了一个靠军备竞赛发财的特殊利益集团。而正是这样的利益集团在对外战争中获益。因此，军工复合体需要敌人，并常常对决策层施加影响，从而把国家推向战争的边缘。

第三，统治集团的利益与战争起源。

传统说法认为当国内危机严重的时候，统治集团以加剧国际危机甚至诉诸战争，从而转移国内的矛盾的方式，维护自己的合法性，巩固自己的统治。

正如法国学者博丹所言，"让全体公民反对一个共同的敌人，是消除内战的最佳和最有效的灵丹妙药[②]。"

1882 年"德意志殖民协会"的首届主席菲尔斯特·霍尔曼这样讲道：

"加强对外贸易和夺取殖民地，应该有助于走出危机，也应该能缓和社会冲突。如果不能为德意志生产过剩的产品找到有规律的、宽阔的倾销渠道，那么我们将会遇到一场社会主义革命的极大步伐的前进。我们

---

①　杨生茂、陆镜生：《美国史新编》，中国人民大学出版社 1990 年版，第 453 页。

②　[美] 肯尼思·华尔兹：《人、国家与战争》，信强译，上海世纪出版集团 2012 年版，第 66 页。

在德国国内与社会民主主义的危险所做的斗争，其效果远不如通过殖民地所能取得的影响大。除了那些直接的经济上的好处以外，那种得到加强的、在海外夺取殖民地的宣传本身，也是与更好地防范共产主义的目标相一致的。①"

美国著名学者亨廷顿也提到，面对合法性危机，威权政治能够采取什么应对策略？策略之一是挑起外部冲突，并通过诉诸民族主义来恢复合法性②。

第四，阶级利益冲突与战争起源。

按照马克思主义的经典理论，战争是人类社会发展到一定阶段的产物，原始社会的部落战争是由部落之间的利益冲突引起的；随着私有财产和阶级的产生，阶级之间的利益冲突引起了战争，战争的根源是私有制和阶级利益的冲突③。

在战争起源和根源问题上，列宁直接继承了马克思、恩格斯关于战争起源的理论，坚持从战争与私有制和阶级的内在联系上考察战争的起因，认为战争是私有制引起的，是私有制的直接的和必然的产物④。

19世纪末至20世纪初，资本主义发展到帝国主义阶段。列宁认为，"当前的战争产生于帝国主义。资本主义发展到这个最高阶段，社会的生产力和资本的规模也已超出单个民族国家的狭隘范围。这一切促使大国竭力去奴役其他民族，去抢夺殖民地作为原料来源和资本输出场所。整个世界正在融合为一个单一的经济机体，整个世界已被少数大国瓜分完毕⑤"。因此，资产阶级为了在竞争中获得垄断利益，会积极推动对外战争，国家则充当了资产阶级战争的工具。

尽管经典的马列战争根源理论在解释以阶级斗争为背景的战争具有很强的说服力，特别是用于解释20世纪以前的国际战争；然而面对20世

---

① 李工真：《德意志道路——现代化进程研究》，武汉大学出版社1997年版，第187页。

② 燕继荣：《政治学十五讲》，北京大学出版社2004年版，第155页。

③ 尚金锁：《马克思主义战争观与"战争新理念"》，《马克思主义研究》2007年第8期。

④ 张家裕：《毛泽东对马列主义战争理论的继承与发展》，《军事历史研究》1990年第2期。

⑤ 《列宁全集》第26卷，人民出版社1988年版，第294页。

纪出现的新情况与新问题，这一理论依然显得不足，因而，需要进一步的完善与发展。

国内政治与战争的关系，使学者们思考一个问题，即对国家的改造能否为人类带来真正意义的和平。

这里涉及国际关系中一个重大问题，即是否能以人类和平的名义，使用武力或威胁使用武力来改造其他国家。在这一问题上学者们是有很大的分歧。从历史的角度看，有成功的案例，如第二次世界大战后的德国和日本。但也有失败的，如利比亚。

面对改造带来的灾难，学者们也深感困惑。20世纪50年代，著名学者肯尼思·华尔兹写道："在相对稳定时期，人们可能提出的问题是，如果没有正义和自由，生命的意义何在？宁愿牺牲生命，也绝不愿沦为奴隶，然而，在面临国内动荡、饥饿、内战和迫在眉睫的安全危机之际，人们又会质疑，如果无力建立和维持安全的困境，自由又有何用？……如果取代暴政的是混乱，而混乱又意味着一场所有人反对所有人的战争，那么人们宁愿忍受暴政的统治也是可以理解的[①]"。

也许问题只能留给后人。

---

① ［美］肯尼思·华尔兹：《人、国家与战争》，信强译，上海世纪出版集团2012年版，第9页。

第三章

国际体系与战争起源

霍布斯认为人类在"自然状态"下，由于没有一个共同权力使大家慑服，人们便处在所谓的战争状态之下，这种战争是每一个人对每个人的战争，为了避免这种困境，大家把所有的权力和力量托付给某一个人或一个能通过多数的意见把大家的意志化为一个意志的多人组成的集体，"利维坦"这一怪兽，由此产生。然而，由人类建立起来的国家之上依然没有更高的权威，国与国之间始终是互相猜忌的，因而它们的武器指向对方，它们的目光互相注视，这种国际无政府状态必然导致国家与国家之间发生激烈的冲突。①

霍布斯的观点带来两个问题，一是人类有没有能力在国际社会建立和谐的秩序，以避免战争，给人类带来真正的和平；二是如果能建立，那么，怎样的秩序最合适。

第一节 现实主义学派的理解

现实主义学派认为人类建立真正的和平是不可能的，任何国家首先要追求的是自己的利益。由于主权国家为数众多，而国家之间并不存在

---

① 参见［英］霍布斯《利维坦》，黎思复等译，商务印书馆 1985 年版，第 92—96、128—132 页。

具有强制约束力的法律体系，在这种情况下，每个国家为了维护自身的利益或为了攫取更大的利益，一定会去增强自身的实力，以便在无序的国际社会中获得话语权。而由于每个国家都是在自身理智和欲望的支配下来评判各自的不幸与雄心，这将导致冲突（有时则会导致战争）势所难免。

如果一个国家认为它所追求的目标的价值高于和平所带来的快乐，那么它就会使用武力来实现这些目标。由于每个国家都是其自身功业的最终评判者，因此任何国家都有可能在任何时候使用武力来推行其政策。由于任何国家都有可能在任何时候使用武力，因此每个国家都必须时刻准备着以武力对抗武力，否则就必须为其自身的软弱付出代价①。

17 世纪、18 世纪和 19 世纪是均势论的全盛时期，在现实主义者看来，人类要得到和平，只有一种情形，那就是大国之间保持均势。均势一般认为有两种含义，一是指彼此力量均衡的状态；二是指政府推行的维持均势的政策。

均势一方面被人们所信奉。丘吉尔在 1936 年的一次演说中指出，"英国四百年来的对外政策，一向是反对大陆上出现最强大、最富于侵略性和最霸道的国家，特别是防止低地国家落入这个国家的手中。……请注意，英国的政策并不考虑究竟是哪一国企图称霸欧洲。问题不在于它是西班牙，还是法兰西君主国，或法兰西帝国，是德意志帝国还是希特勒政权。英国的政策与国家和统治者毫无关系，它唯一关心的是谁是最强大或潜在的称霸暴君②"。在 17 世纪、18 世纪和 19 世纪，均势对欧洲国际体系的相对稳定和对维护欧洲各国的独立是有贡献的。

另一方面均势又受尽学者们的批评。汉斯·摩根索总结了均势存在的三大缺点：一是尤把握性。用均势大师博林布鲁克的话说，"均势起变

① ［美］肯尼思·华尔兹：《人、国家与战争》，信强译，上海世纪出版集团 2012 年版，第 125—126 页。

② ［英］丘吉尔：《第二次世界大战回忆录》（第一卷·风云紧急），吴万沈等译，商务印书馆 1974 年版，第 307—309 页。

化的确切时间，犹如冬至和夏至嬗变的确切时间一样，寻常的观测是无法觉察的。……最关注这个天平的变化者往往做出同样错误判断，并且出于同样的成见。它们对一个已不再能加害于它们的大国仍然畏惧，或者对一个国势日盛的大国仍然毫无戒惧①"。二是不现实性。由于缺乏把握性，"所有大国终究都得谋求在情况许可下的最大限度的强权。只有这样，各国才可望获得……最起码的安全保障。""鉴于要获得最大限度强权的欲望是普遍性的，各国就必须永远担心它们自己的错误测算和其他国家强权的增长合起来可能意味着使它们本国处于劣势，而这是它们必须不惜一切代价避免的。因此，所有已经对其竞争对手获得了明显优势的国家，总想巩固这种有利条件，并利用它来改变强权的分配，使之永远有利于自己②"。三是不充足性。18 世纪和 19 世纪欧洲的和平与稳定并不单单是均势的缘故③。尽管摩根索分析了均势的不足，但摩根索同时又指出："在政治理论上，新颖的未必好，古老的未必坏。……几百年甚至几千年以前所形成的一种政治理论——如均势理论——并不会引起它必然是陈旧过时的推断④"。今天，在各国的外交政策中，仍然可以看到均势政策的影子。

两次世界大战的爆发非常清楚地说明了均势无法为人类带来真正的和平。20 世纪后期，现实主义者提出了新的观点，他们认为，只有出现霸主，人类才有和平。历史就是明证，罗马帝国曾维持欧洲二百年的和平，1815—1914 年是英国治下的和平，21 世纪是美国治下的和平。

霸权稳定论由美国经济学家金德尔伯格在 20 世纪 70 年代提出，金德尔伯格认为，1929 年这次萧条"波及面这么宽、程度这么深、持续时间这么长，因为英国没有能力、美国又不愿意在三个方面承担责任以稳定

---

① ［美］汉斯·摩根索：《国际纵横策论——争强权，求和平》，卢明华等译，上海译文出版社 1995 年版，第 266—267 页。

② 同上书，第 271 页。

③ 同上书，第 278 页。

④ 同上书，第 3 页。

国际经济体系，致使该体系处于不稳定的状况。这三个方面是：一，为跌价出售的商品保持比较开放的市场；二，提供反经济周期的长期贷款；三，在危机时期贴现。……当每个国家都转而保护它自己的国家私利的时候，全世界的公共利益就遭受到被抛弃、被损害的命运，而这时所有国家的私利也就随之受到损害①"。

这一理论提出后，在国际关系理论界产生了极大的反响，诸多学者对此作了进一步的阐述，其中的代表人物是美国学者吉尔平。

根据霸权稳定论的解释，国家只关注自身的安全和利益，只要国家存在，绝对的和平是不可能的，战争也就无法避免。只有在存在霸主的情况下，人类才能获得相对的和平，因为霸主的存在，它能够保持国际秩序的相对稳定，例如 19 世纪的英国。吉尔平认为说："由一个霸权国主宰的霸权结构非常有益于强大的国际体系的发展，这个体系的运行规则比较明确，霸权国既能够也愿意建立和维持自由经济秩序的规章和条例，自由国际体系因此能够获得充分的发展。②"

因此，存在霸主意味着国际社会有秩序，霸主如同一国内的警察，警察是秩序的象征。当然这里有好警察和坏警察之分，霸主也如是。

但是，随着时间的推移，霸主的实力将会下降，一旦其实力不足以应对挑战，那么，国际秩序将陷入混乱，挑战者将会以武力对霸主采取行动，战争就要发生，直至出现新的霸主，国际社会重新获得稳定。两次世界大战就是这样发生的，英国的国力与其承担的义务已不相称，它要同时面对德、意、日三国的挑战，它还要面对苏联在东欧发出的挑战。战争的结果是美、苏成为世界的新主宰，随着冷战后苏联的解体，美国成为唯一的霸主，人类进入美国治下的和平。

现实主义学者从人性本恶的观念出发，认为人类不可能实现永久的

---

① ［美］查尔斯·P. 金德尔伯格：《1929—1939 年世界经济萧条》，宋承先等译，上海译文出版社 1986 年版，第 348 页。

② ［美］罗伯特·吉尔平：《国际关系政治经济学》，杨宇光等译，经济科学出版社 1989 年版，第 87—88 页。

和平，只能退而求其次，实现某种极端状态下的和平，或者是帝国与霸权之下的某种和平，或者就是均势带来的暂时和平。

总之，在霸权稳定论看来，人类不可能建立理想的国际秩序，人类只能是这样的命运，在一轮又一轮霸主的统治下获得和平。

也许为了给人类以某种安慰，新自由制度主义学派的代表人物罗伯特·基欧汉认为，国际制度是国际秩序的核心，国际制度的建立有赖于霸权，但霸权的衰落并不必然导致国际制度的崩溃，有关国家会出于共同利益的需要，把霸权建立的国际制度维持下去①。

霸权稳定论提到了国际社会中引起战争的两个关键问题，一是新兴国家的发展与战争的关系；二是随着新兴国家的崛起，国际社会中权力及利益的分配与战争。

新兴国家的发展特别是新兴大国的崛起肯定会给国际社会带来一系列问题。它需要打开别国的市场，它需要建立强大的海军并在海外获得军事基地，以保护其贸易线和遍及世界的经济利益，它需要在国际组织中有发言权等。第一次世界大战前的德国就是如此，它有海外扩张的欲望，它有海外的利益需要保护。

在这种情况下，新兴大国是否愿意遵守国际规则，按国际规则行事，是否愿意尊重霸主，在不推翻现存的国际秩序的情况下，和平地修改和重新制订规则，就显得非常重要。因为这些规则或惯例主要是当前的霸主或以霸主为首的强国制定的，而新崛起的强国往往会觉得这些规则或惯例不符合自己的国家利益。泰勒曾这样描述两者在国际社会中的不同形象，"如果说西方国家的品德似乎更高尚，这在很大程度上因为它是保持现状而道貌岸然，希特勒则是改变现状而胡作非为②"。

当然，人类社会发展到现在，用胡作非为的方式改变规则的情况已

---

① ［美］罗伯特·基欧汉：《霸权之后——世界政治经济中的合作与纷争》，苏长和等译，上海人民出版社 2001 年版，第 255 页。

② ［英］A. J. P. 泰勒：《第二次世界大战的起源》，潘人杰等译，华东师范大学出版社 1991年版，第 69 页。

不可能存在，但如何用合适的方式参与规则的制定，避免与霸主发生直接冲突是新兴大国必须解决的问题。

由于新兴大国有打破现存国际秩序的冲动，这自然与霸主发生冲突，导致战争爆发的可能性增加。因此，新兴大国能否在国际上得到与它所承担的国际义务相当的权利最为关键。或者说，挑战的一方能提出合理的要求，而受到挑战的一方是否愿意让出更多的国际权利，使新兴大国的义务和权利相对等。正如美国学者吉尔平指出的那样，"随着相对权力的增加，新兴的国家会企图改变调整国际体系的规则，改变势力范围的划分，最重要的是，改变领土的国际分配。作为对此的反应，支配国通过改变其政策以努力恢复体系的平衡来对付这种挑战。历史告诉我们，如果这种努力失败，这种失衡就只有依靠战争来解决①"。

历史上，面对德国的崛起，英国在第一次世界大战前，在确定德国为最大的威胁后，用较为强硬的方式处理与德国的关系，联合法国和俄国，组建了同盟体系来应对德国。第二次世界大战前，英国又试图把德国引入以其为主的国际秩序，让德国成为国际联盟的常任理事国，满足其部分修改条约的要求。但英国一味地退让，反而使德国在国际社会变得更为强硬。经济危机、民族主义、专制集权以及英国应对的失策等因素使欧洲再一次爆发了战争。这对双方来说，都有深刻的教训可以吸取。

在亚洲，第一次世界大战后，美国也试图建立适当的国际秩序，将各国融入其中，日本也一度认可这一秩序，推行与美英合作的协调外交。但可惜的是，大危机爆发后，日本国内民族主义的狂热和权力的失控使亚洲也走上了战争之路。

附带说明一下，用"修昔底德陷阱"来说明新兴大国和旧霸主的关系是不合适的。因为雅典并不是新兴的大国，而斯巴达也非衰落中的强国。

---

① ［美］罗伯特·吉尔平：《世界政治中的战争与变革》，宋新宁等译，上海人民出版社 2007年版，第 190 页。

第二节　理想主义学派的理解

与现实主义学派的观点相反，理想主义学派认为，人类是可以建立和谐秩序的，民主和平论就是代表。

康德认为，在共和制下，战争不容易随意发动，因为选择战争的权力在公民手中，如果一国的公民决定参与一场战争，那么，他们将不得不承担战争带来的一切艰难困苦，包括"自己得作战，得从自己的财富里面付出战费，得悲惨不堪地改善战争所遗留下来的荒芜；最后除了灾祸充斥而外还得自己担负就连和平也会忧烦的、（由于新战争）不断临近而永远偿不清的国债重担①"。因此，相比专制君主或者独裁寡头，共和制国家在面对战争与和平的抉择时一定会更加谨慎。

康德由此推论道，既然共和制的国家爱好和平，那么，人类由共和制的国家组成联邦，永久和平就可能了，"一个强大而开明的民族可以建成一个共和国（它按照自己的本性是必定会倾向于永久和平的），那么这就为旁的国家提供了一个联盟结合的中心点，使得它们可以与之联合，而且遵照国际权利的观念来保障各个国家的自由状态，并通过更多的这种方式的结合而渐渐地不断扩大②"。

康德还讨论了贸易与和平的问题，在康德看来，民主制、联邦制和相互依赖的贸易可以共同促成并确保国际社会永久和平。

在 18 世纪后期和 19 世纪中期，随着经济的发展和各国之间关系的日趋紧密，许多著名学者如亚当·斯密、杰里米·边沁、赫伯特·斯宾塞和约翰－斯图尔特·密尔等，从经济的角度来分析战争与和平问题，认为和平是可以实现的。他们认为，民主国家将更愿意推行和平对外政策，原因很简单，第一，国家可以通过贸易获得必要的市场与资源。在经济落后的古代，人类特别是落后的一方，可以交换的物品比较少，往往通

---

① ［德］康德：《永久和平论》，何兆武译，上海人民出版社 2005 年版，第 15—16 页。
② 同上书，第 22 页。

过掠夺来维持自身的生存。随着经济的发展，人类已经可以通过贸易进行交换，获得市场和自己所需要的资源。第二，战争的手段成本太高。战争不但不能带来收益，还会破坏现存的秩序，使人们不能进行正常的交易，只有在和平、可预期的国际商业环境下，各国通过自由市场经济和自由贸易才能从中受益。

20 世纪后期，民主和平论风行一时。

民主和平论的核心论点是成熟的民主国家之间从来没有发生战争。1983 年，美国霍布金斯大学政治学教授迈克尔·多伊尔列出了目前的五十多个民主国家。他从中发现，在一百五十多年里，民主国家之间没有爆发过战争。这是由于：

第一，民主国家的统治者和民众都能体会到战争的残酷性。在专制国家里，专制统治者对战争的残酷性没什么感受，专制者也不会因发动战争而丧失特权。而在民主国家里，公民直接感受到战争所带来的严重后果，亲人的伤残或死亡、长时间的离别、一天天的挂念和战争时期的各种管制等等。统治集团也会感受到战争的残酷，其子女或亲属也要成为战争的一分子，如西奥多·罗斯福的几个儿子都参加了第一次世界大战，富兰克林·罗斯福的儿子参加了第二次世界大战。因此，民主国家从上到下对参战比较谨慎。

第二，民主国家相对来说更愿意遵守国际法，尊重别人的权利。专制国家容易挑起战争，或为转移国内的社会矛盾，或者认为有利可图，或者因独裁者本人的一时兴起。民主国家相对来说只要有谈判的可能，就尽可能用战争之外的手段来解决。

第三，民主国家与民主国家发生矛盾时，首先，它们能彼此尊重；其次，它们受到各种制度的约束；最后，有解决彼此争端的相应程序。两个民主国家不需要诉诸战争便能解决它们之间的冲突。

第四，民主国家做出战争决策是有程序的，公共舆论或国内政治机构的监督与平衡，对政府决策有制约作用，这相对于专制国家而言，无疑会更加理性。

　　第五，战争是政治的继续，人类历史上的诸多战争是对利益的争夺。人类发展到今天，率先走向民主的国家成为最发达的国家，它们占有了人类社会中相对比较多的财富。由于财富的增多，一方面，这使民众对其民主制度比较自信，另一方面，当经济的发展已没有必要追求领土的扩张时，民主国家发动战争的欲望降低，而战争带来的灾难更使民主国家的民众有了强烈的反战情绪，政府和民众都不轻易用战争这样极端的方式来追求其利益。

　　第六，第一次世界大战所显示的现代战争的残酷性，使民主国家不愿轻易言战。在第一次世界大战中，英法两国伤亡惨重。英国历史上除了出动海军外，很少出动陆军，但这一次却不得不投入大批陆军，其中死亡 747700 人，受伤 169000 人。法国的死亡人数更高达 150 万人。由于战争，两国民众的生活水平也大为下降。因此，在英法两国公众的心目中，第一次世界大战就是一场浩劫。劫后余生的人们，对战争无比恐惧和厌恶。考虑到选票，英法的政治家不敢随意重整军备，有一种观点认为，"一战"就是军备竞赛的结果；也不敢轻易结盟，因为有学者认为，第一次世界大战就是结盟的后果[1]。

　　但是，迈克尔·多伊尔在 1983 年选择最近的 150 年是有意的，他有意回避了 1812 年发生的第二次美英战争，理由是那时英国的民主体制还不够成熟。尽管第二次美英战争后，美英未再发生战争，但两国关系一直紧张，多次走到战争边缘。1895 年，因英属圭亚那与委内瑞拉边界争端，美国国内的强硬派如西奥多·罗斯福公然宣扬对英战争[2]。两国的和解，不是因为民主体制，而是因为英国基于全球战略考虑，对美国做出让步。

　　也有学者认为，"民主国家并不会表现得特别爱好和平：我们知道历

　　① 王斯德、钱洪主编：《第二次世界大战起源研究论集》，华东师范大学出版社 1985 年版，第 6 页。
　　② Ruhl J. Bartlett, *The Record of American Diplomacy: Documents and Readings in the History of American Foreign Relations*, Toronto: Alfred. A. Knopf, 1984, pp. 350, 351.

史上民主国家也曾进行过殖民统治、秘密的干预和其他一些滥用自己力量的事情。民主国家在处理与威权国家的关系时，对暴力的使用丝毫不逊于威权国家彼此之间对暴力的使用①"。

王逸舟先生认为，国际和平取决于国际关系和国内体制的多种因素，其决定过程是复杂的、多变的。"民主和平论"仅仅给出了一个变量，而忽略了其他许多（有的无关紧要、有的十分重要）的因素；不论出于什么考虑，这种忽略损害了其命题的真实性和有效性②。

不过，从最近的时间段看，民主国家之间确实不太可能发生战争。相对于霸权稳定论，民主和平论给人们以希望。在理想主义看来，超国家的国际组织、各国均实行民主的政治体制和自由的有规则的贸易，将会带来积极的、公正的和民主的和平，人类所向往的和平是可以实现的。

第三节　马克思主义学派的理解

传统的马克思主义者也认为，和谐的国际秩序是可以建立的。其观点的核心是"帝国主义争夺世界霸权是现代战争的根源"。按照这一观点，只要国际社会中存在帝国主义国家，那么，国际社会不可能建立和谐的秩序。只有消灭私有制，人类进入公有制社会，全世界无产者联合起来，共产主义实现了，到那时才能有真正的和平。

1887年恩格斯就预言了世界性大战的结局及影响："对于普鲁士德意志来说，现在除了世界战争以外已经不可能有任何别的战争了。这会是一场具有空前规模和空前剧烈的世界战争。那时会有八百万到一千万的士兵彼此残杀，同时把整个欧洲都吃的干干净净……其结局是普遍的破产；旧的国家及其传统的治国才略一齐被摧毁，以致王冠成打地滚落在街上而无人拾取；绝对无法预料，这一切将怎样了结，谁会成为这场斗

---

① ［日］猪口孝等编：《变动中的民主》，林猛等译，吉林人民出版社1999年版，第195页。

② 王逸舟：《国际关系与国内体制——评民主和平论》，《欧洲》1995年第6期。

争的胜利者；只有一个结果是绝对没有疑问的，那就是普遍的衰竭和为工人阶级的最后胜利创造条件。①"

19 世纪末至 20 世纪初，资本主义发展到帝国主义阶段。列宁认为，"当前的战争产生于帝国主义。资本主义发展到这个最高阶段，社会的生产力和资本的规模业已超出单个民族国家的狭隘范围。这一切促使大国竭力去奴役其他民族，去抢夺殖民地作为原料来源和资本输出场所。整个世界正在融合为一个单一的经济机体，整个世界已被少数大国瓜分完毕②"。因此，资产阶级为了在竞争中获得垄断利益，会积极推动对外战争，国家则充当了资产阶级战争的工具。

列宁认为，"在资本主义制度下，瓜分势力范围、利益和殖民地等等，除了以瓜分者的实力，也就是以整个经济、金融、军事等等的实力为根据外，不可能设想有其他的根据，而这些瓜分者的实力的变化又各不相同，因为在资本主义制度下，各个企业、各个托拉斯、各个工业部门、各个国家的发展不可能是平衡的，如果拿半个世纪以前德国的资本主义实力同当时英国的实力相比，那时德国还小得可怜；日本同俄国相比，也是如此，是否'可以设想'一二十年之后，帝国主义列强的实力对比依然没有变化呢？绝对不可以③"。

列宁由此指出："资本主义现实中的'国际帝国主义的'或'超帝国主义的'联盟，不管形式如何，不管是一个帝国主义联盟去反对另一个帝国主义联盟，还是所有帝国主义大国结成一个总联盟，都不可避免地只会是两次战争之间的'喘息'。④"

"帝国主义就是战争"的观点，可以解释第一次世界大战，但用于解释第二次世界大战则显得勉强，因为，第二次世界大战前的帝国主义列强对战争的态度是不一样的，英法就对战争充满恐惧，美国也在呼吁和

---

①　《马克思恩格斯文集》第 4 卷，人民出版社 2009 年版，第 331 页。

②　《列宁全集》第 26 卷，人民出版社 1988 年版，第 294 页。

③　《列宁全集》第 27 卷，人民出版社 1990 年版，第 431 页。

④　同上。

平。而且，资产阶级本身并不是铁板一块，有的希望和平贸易，有的可能对战争有兴趣。即使在德国和日本这样发动战争的国家，内部也是有分歧的，日本的近卫首相就反对与美国开战，最后挂冠而去。德国的经济部长沙赫特反对把过多的资源用于战争机器，与英美关系密切的部分工商业部门对战争则忧心忡忡。

尽管"帝国主义就是战争"的观点可以解释第一次世界大战，但第一次世界大战发生前，至少英国、法国和俄罗斯并不急于与德国发生战争，德国也并不完全想打如此规模的战争。

在20世纪80年代，李巨廉先生和潘人杰先生认为，在历史上，特别是资本主义的发展，还主要是依靠面上的扩张——更多的人手、更多的原料需求、更大的市场保证，向生产的广度进军，而不是向技术密集和知识密集的生产的深度进军。这一过程伴随着若干资本主义发达国家疯狂的对外扩张侵略，伴随着列强的瓜分世界和重新瓜分世界的斗争，伴随着几个帝国主义大国对整个世界的控制和统治。而这些都是20世纪可能引发世界大战的因素①。

李巨廉先生和潘人杰先生进一步提出，垄断基础上的竞争不同于自由竞争的一个显著特点，就是它不再以争夺开放性市场上有利的销售条件和原料来源为满足；而是要争夺尽可能多的领土，以便独占这里的市场和原料，争夺足以保证占有和利用这些领土的交通路线和战略要冲，直至争夺欧洲本土上的工业发达区域，以便一劳永逸地置敌手于死地。这样的竞争，当然也就不再仅仅由一般的资本家和资本家组织来进行，而特别要通过资产阶级的国家和国家联盟来进行，不再仅仅是使用一般的经济手段，而更主要的是使用政治手段，直至武力威胁和使用武力②。由于这些大国都是拥有亿万资本和强大军事实力的国家，统治着广大的

---

① 李巨廉、潘人杰：《第二次世界大战——专题述评》，华东师范大学出版社1990年版，第8—9页。

② 王斯德、钱洪主编：《第二次世界大战起源研究论集》，华东师范大学出版社1986年版，第3页。

地区，控制着一系列的殖民地，这就必然要影响到一系列的国家和民族；它们之间的争霸战争，就往往要发展成世界大战①。

但是，从李先生和潘先生的分析中也可看出，如果资本主义的发展走出面上的扩张，开始向技术密集和知识密集的深度进军，那么，资本主义国家之间可以通过贸易的方式来获得利润。通过建立公平公正的贸易规则，和平是可以实现的。

第四节　中国学者的理解

对于国际社会建立怎样的秩序最合适，除了霸权稳定论和民主和平论外，中国学者常常提到国际体系的多极化。

何谓"极"，中国社会科学院美国研究所杨达洲先生为"极"设定了三项标准。一是综合国力远远超过其他国家，特别是经济、科技和军事实力；二是具有巨大的对外影响力，这主要是指在国际性组织中占有举足轻重的地位，在解决世界热点问题上起主导作用；三是有自己的势力范围，或自己是一个有吸引力的"力量中心"。依照这些标准，目前只有美国完全符合上述三项标准，所以他认为多极或多极化的提法值得商榷②。

另一位学者黄政基先生认为，"极"是各种国际力量中比较强大的力量，通常是世界战略格局中能对国际局势、国际事务发挥重大影响力与控制力的国家或国家集团。它们的综合国力比较强大。作为一极的国家或国家集团，依据自身的战略目标，运用综合国力，独立地（不依附其他极，但不排除与其他的极合作）参与国际事务，就可以对国际局势、国际事态和某些有关国家发挥影响力和控制力③。所以在黄政基先生看

---

①　王斯德、钱洪主编：《第二次世界大战起源研究论集》，华东师范大学出版社 1986 年版，第 6 页。

②　杨达洲：《对冷战后世界格局之我见》，《太平洋学报》1997 年第 4 期。

③　黄政基：《单极与多极——如何看待世界战略格局》，《国际战略研究》2001 年第 1 期。

来，不存在单极世界①。

杨达洲先生对"极"的要求比较高，我们遵循一般的理解即综合国力强，对国际事务有重大影响的国家。

值得注意的是多极很容易使人联想起均势，即多个大国的存在，能彼此制衡。摩根索在论述均势时，就是首先从美国国内政治的制衡说起。

但今天所说的多极化与历史上的均势是有差异的，第一，现在的范围更广。当年的均势仅限于欧洲。今天的多极指的是全球。第二，美国具有更大的优势。英国与美国相比，无论是经济实力还是军事实力，差距还是相当大的。第三，均势比较野蛮。两次世界大战之后，国际社会有了一定的秩序和规则，在现在的国际秩序和规则之下，国与国之间的争端可以通过谈判协商或仲裁来解决。

中国学者赞成国际社会多极化，其中的潜台词是不言而喻的，即单极缺乏制衡，是霸权统治，是不公正的；两极对抗性强，是极其危险的，只有多极才能带来民主的公正的国际秩序，进而使人类进入和平时代。

那么，单极、两极是不是一定不利于世界和平与稳定？

第一次世界大战前，协约国和同盟国构成战前国际社会中的两极，两极的存在使国际关系空前紧张，在 20 世纪初引起了一次又一次危机，并导致了人类史上第一次世界大战的发生。但第二次世界大战后，美苏构成两极，两极带来了国际局势的动荡，不过，两个超级大国都认可彼此掌控的势力范围，两国竞争主要是在两个体系之外的地区和范围比较激烈，特别是在发生古巴导弹危机，差点使两国发生核大战的危险之后，两大超级强国加强了对危机的管控。因此，冷战期间，尽管发生了两大超级大国的代理人之间的战争，但两大强国没有发生直接的冲突。

北京大学叶自成教授认为，冷战后国际社会出现一超多强的格局。美国推行的对外政策，对世界和平与稳定的影响也是多方面的。一方面，美国的霸权主义和单边主义破坏了世界和平与稳定。但另一方面，冷战

---

① 黄政基：《单极与多极——如何看待世界战略格局》，《国际战略研究》2001 年第 1 期。

后的经济全球化的趋势，其主要的推动力量是美国，美国主导的世界经济秩序虽然不平等不公正，但也给一部分国家带来了发展的机会，尤其是东亚的许多国家，在全球化的浪潮中争得了相当的利益①。

多极又一定比单极和两极更能维护世界和平与稳定吗？

从历史上看，多极曾经在欧洲这块土地上，多多少少维持了各国之间在某一时期内的稳定与和平。但多极未必能带来真正的和平。第二次世界大战前的国际社会可以说是多极的，美国一极，英法一极，苏联一极，德国一极，日本一极，但战争还是爆发了。所以从历史的角度来看，多极有可能为人类带来一定时期的和平与稳定，但也可能成为引发大规模战争的主要因素。

叶自成教授认为，从理论上讲，多极化的最大好处在于它能反对单边主义，阻止任何一个大国主宰国际事务，形成国际局势中相对制衡的格局。从这个意义上说，它对维护世界和平与稳定的确是有利的；但这只是其中的一种趋势和可能。要注意到多极化还存在另一种可能②。

中国学者推崇多极化的另一层意思是，单极和两极对中国是不利的，而多极化对中国是有利的。但这一说法经不起历史的验证。

对中国而言，虽然第二次世界大战后两极体系给中国带来了压力，但中国在1969年以后，改善与美国的关系，逐渐成为美国的"准盟友"，开始走上对西方开放的道路，这使中国得以利用西方的资金和技术迅速推进自身的经济现代化发展进程，并取得很大成果。

冷战后出现一超多强的格局，这一方面确实给中国带来更大的压力，但中国不断融入以美国为首的国际秩序，从这种格局中获得许多收益。西方诸多学者认为中国是当今国际秩序最大的受益者。

多极化真的对中国好吗？

不一定。我们做好了应对印度崛起的准备了吗？我们欢迎印度成为其中一极吗？如果日本完全摆脱美国的控制，成为国际社会中真正的一

---

① 叶自成：《对中国多极化战略的历史与理论反思》，《国际政治研究》2004年第1期。

② 同上。

极，中国对此欢迎吗？其实多极化的世界未必对中国有利。相反，如果中国不能处理好与周边国家的关系，那么在一个多极化的世界里，中国的国际环境并不一定有利。

人类总是要学会相处，在第二次世界大战后，人们回首 20 世纪走过的历程，再看看两大超级大国的对峙，以为 20 世纪是个暴力的世纪。但在 20 世纪末，就有学者表示，用暴力的世纪来描述 20 世纪是不确切的，人类还是有能力控制自己的冲动，并逐渐成熟起来。人类会有一天，在世界上确立每个民族共同遵守的规则，从而为人类带来永久的和平。

第 ◇ 二 ◇ 编

大国与两次世界
大战的起源

第四章

各国对"一战"后国际秩序的设想及影响

从威斯特伐利亚和约开始，一直到第一次世界大战结束，欧洲各国追求的是权力。一国要使自己在国际社会中得到尊重或不受欺凌，最好的方法是自己拥有强大的力量或者能找寻到强有力的盟友。

欧洲各国为了追求权力，在几个世纪里进行了一次次惨烈的战争。虽然欧洲各国之间存有协调机制①，存有一套相互交往的规范和程序，而且彼此往往还有姻亲情谊。但和平的维持不是依靠机制、规范和程序，更不是彼此的情谊，而是依靠大国之间的力量均势，一旦均势被打破，战争就不可避免。在一轮轮的战争中，胜者为王，而败者则接受割地赔款的惩罚，法兰西、德意志都受到过这样的待遇。在这样的国际体系中，主权国家首先考虑的是如何增强自己的实力，如何维护自己的国家利益，很少顾及人类整体的利益；霸主考虑的是如何维持自己的地位，挑战者考虑的是如何取代霸主，大国之间的博弈是赢家通吃，不是双赢。欧洲乃至整个国际社会盛行的是丛林法则。

第一次世界大战的爆发，意味着霸主英国对局势的失控，意味着已存在一个世纪之久的共同的政治信念、行业规范、姻亲情谊和协调机构

---

① 维也纳会议后，为防止大国因意图称霸欧洲大陆而爆发新的大规模战争，欧洲国家开始采用"会议外交"的方式，即通过定期国际会议的形式对列强间的矛盾及利益纷争进行仲裁与协商，以保持欧洲的协调，维护大国的利益与均势。

的失效。而它们从 1815 年以来，曾一次次地处理好危机，一次次使欧洲渡过难关，维持着欧洲的和平。

第一次世界大战的结果表明，英国不再像以前那样，能完全掌控欧洲的力量平衡。在第一次世界大战中，英国联合了法国、俄国和意大利才堪与德、奥打平手，特别是在俄国革命后，英法在西线与德国的作战中一度处于劣势，直至美国的介入，才改变整个战局。欧洲需要欧洲以外的因素介入才能恢复力量平衡。

第一次世界大战持续 4 年之久，如此惨重的损失，如此巨大的伤亡，单单用维持均势来证明其正当性，是说不过去的。人们自然要思考，欧洲究竟怎么了，如何使欧洲避免再一次陷入战争的灾难。

可惜的是，第一次世界大战后，对战后国际秩序的建设，各国并无共识。

第一节　列宁对"一战"后国际秩序的设想

列宁对第一次世界大战的起源提出了自己的解释，并对国际秩序提出了自己的看法。

对于战争的起源，列宁认为，在资本主义体系里，竞争最终被垄断资本主义所取代，在垄断资本主义阶段，资本主义国家为了抢占原料和市场，不得不参与到对殖民地的抢夺过程中来。因为资本主义经济体系最终要依赖海外市场和资源，在殖民地瓜分到一定程度之后，资本主义国家之间不可避免地要发生冲突。

"只要生产资料私有制还存在，帝国主义战争是绝对不可避免的。[①]"列宁特别指出，"资本家瓜分世界，并不是因为他们的心肠特别狠毒，而是因为集中已经达到这样的阶段，使他们不得不走上这条夺取利润的道路；而且他们是'按资本'、'按实力'来瓜分世界的，在商品生产和资本主义制度下也不可能有其他的瓜分方法[②]"。

---

① 《列宁全集》第 27 卷，人民出版社 1990 年版，第 326 页。
② 同上书，第 388 页。

由此，列宁提出如下论点：帝国主义就是战争，要消灭战争，就要消灭帝国主义，也就是要通过革命从根本上改变资本主义制度。只有在全世界建立公有制国家，才能彻底消灭战争，赢得人类梦寐以求的永久和平。"私有经济关系和私有制关系已经变成与内容不相适应的外壳了，如果人为的拖延消灭这个外壳的日子，那它就必然要腐烂，——它可能在腐烂状态中保持一个比较长的时期（在机会主义的脓疮迟迟不能治好的最坏情况下），但终究不可避免的要被消灭①"。

对于国际秩序，在十月革命后的《和平法令》中，列宁提出自己的设想：

第一，立即缔结"没有兼并（即不侵占别国领土，不强制归并别的民族）没有赔款的和约。"第二，立即签订和约，终止这场战争。第三，"本政府根据一般民主派的法的观念，特别是劳动阶级的法的观念，认为凡是把一个没有明确而自愿地表示同意和希望归并的弱民族或小民族合并入一个大国或强国，就是兼并或侵占别国领土的行为。不管这种强制归并发生在什么时候，不管这个被强制归并或被强制留在该国疆界内的民族的发达或落后程度如何，也不管这个民族是居住在欧洲还是居住在远隔重洋的国家，都是一样。"第四，"不管哪个民族被强制留在该国的疆界内，也就是违反这个民族的愿望（不管这种愿望是在报刊上、人民会议上、政党的决议上表示的，或是以反对民族压迫的骚动和起义表示的，都完全一样），不让它有权在归并它的民族或较强的民族完全撤军的条件下，不受丝毫强制地用自由投票的方式决定本民族的国家生存形式问题，这种归并就是兼并，即侵占和暴力行为。"第五，"本政府废除秘密外交，决议在全体人民面前完全公开地进行一切谈判，并立刻着手公布地主资本家政府从 1917 年 2 月到 10 月 25 日所批准和缔结的各项秘密条约。"第六，"俄国工农临时政府……特别向人类三个最先进的民族，这次战争中三个最大的参战国，即英法德三国的觉悟工人呼吁。这些国

---

① 《列宁全集》第 27 卷，人民出版社 1990 年版，第 438 页。

家的工人对于进步和社会主义事业贡献最多……我们坚信上述各国工人定会了解他们现在所担负的使人类摆脱战祸及其恶果的任务，定会从各方面奋力采取果敢的行动，帮助我们把和平事业以及使被剥削劳动群众摆脱一切奴役和一切剥削的事业有效地进行到底[①]"。

列宁提出了许多新的想法。除了签署公正的民主的和平条约外，列宁提出了民族自决权问题。"民族自决权"思想发源于近代西欧资产阶级革命。17世纪，格劳秀斯在《战争与和平法》中首倡民族平等的主权学说。西欧新兴资产阶级"民族自决"的要求，在1789年法国大革命的《人权宣言》中得到承认。列宁主张："使各民族完全平等，而且要实现被压迫民族的自决权，即政治上的自由分离权。[②]"列宁鼓励在受压迫、奴役和剥削的殖民地上，人们摆脱外国殖民统治争取独立，并建立自由的民族独立的国家。列宁提出的民族自决原则，向西方资本主义国家提出了巨大的挑战。不过，列宁的民族自决权是有阶级性的。早在1903年年初，他就特别强调："支持民族自决权的要求应当服从无产阶级斗争的利益。我们所关心的并不是各民族的自决，而是每个民族的无产阶级的自决[③]"。

列宁战后国际秩序的设想中，最重要的一点是要推翻整个资本主义世界，也就是学界通常所说的"世界革命"，即在先进的西欧唤起革命，建立起完全崭新的社会主义社会。

列宁要求立即停止国与国之间的战争，签订公正民主的和平协定。但与此矛盾的是，列宁希望各国国内爆发革命，通过革命让资本主义各国获得新生，然后再取得人类所想望的永久的和平。

他在1917年11月7日（十月革命胜利当天）发布的《关于苏维埃政权的任务的报告》中说："我们当前的任务之一，就是必须立刻结束战争。可是大家都很清楚，要结束同现在的资本主义制度密切联系着的这

---

① 参见《列宁全集》第33卷，人民出版社1985年版，第9—13页。
② 《列宁全集》第27卷，人民出版社1990年版，第254页。
③ 《列宁全集》第7卷，人民出版社1986年中文版，第89—90页。

场战争,就必须打倒资本本身。在意大利、英国和德国已经逐渐展开的世界工人运动一定会在这方面帮助我们。我们向国际民主派提出的立即缔结公正和约的建议,一定会得到国际无产阶级群众的热烈响应①"。

列宁希望资本主义各国特别是英法德三国的国内爆发革命。列宁急切期待着欧洲先进国家社会主义革命的到来,他指出:"只有把已在俄国取得的社会主义革命转变为国际工人革命,才是这个革命能够巩固的最可靠的保证……俄国社会主义无产阶级将尽全力并用自己拥有的一切手段支持一切国家无产阶级兄弟的革命运动。②"为此,布尔什维克竭力帮助欧洲各国的革命组织,试图激起欧洲其他国家的革命。列宁认为,如果有必要,苏(俄)可以动用红军输出革命。在主要资本主义国家发生革命,建立社会主义社会后,欧洲就可以实现永久的和平。

总之,列宁提出了全新的想法。不再有秘密外交,代之以公开外交,让民众事先知道国与国之间交往的内情。民族自决,让弱小民族自己掌握自己的命运。要推翻资本主义,建立没有压迫的新社会。

第二节 英、法、日对"一战"后世界秩序的设想

面对列宁提出的对资本主义正当性的质疑,对战争起源全新的解释,并提出了民族自决、废除秘密外交和签署不割地不赔款的新理念,欧洲以何做出回应呢?

在传统欧洲列强心目中,留存的依然是均势。

建立国际联盟的最初设想是由英国提出的。1915年9月,为促使美国参战,当时的英国外交大臣爱德华·格雷致信威尔逊总统的密友豪斯上校,询问威尔逊对建立一个旨在和平解决争端的国际联盟的意见③。这一设想与欧洲的国际政治传统几乎完全不一样,其中没有提到任何"均

---

① 《列宁全集》第33卷,人民出版社1985年版,第2—3页。
② 同上书,第33页。
③ [美]亨利·基辛格:《大外交》,顾淑馨等译,人民出版社2010年版,第218页。

势"，相反，大力宣扬"民主""法律""正义"等道德准则。但一般认为，英国这样做，一方面是为了迎合民众，另一方面，为了促使美国参战，并有利于将美国拉入一个旨在"维持现状"的安全机制。

英国在战时与美国商议战后国际秩序时，同意建立国际联盟。但英国心目中的国际联盟与美国是不一样的。英国并不接受集体安全原则，而是坚持传统的以欧洲协调和均势来维持战后的国际秩序。

英国外交大臣爱德华·格雷深受萨拉热窝事件的影响，他维持和平的努力失败。但他坚信，如果欧洲协调组织具有某种强制性的协商机制的话，这次世界大战也许本来可以避免的[①]。

英国政府对国际联盟是这样考虑的：

（1）国际联盟的建立是为了保障和平；（2）国际联盟应包括绝大多数国家，但不包括战败国；（3）如果有关各方愿意，应该通过大国仲裁解决国际争端；（4）在争端经仲裁员或仲裁会议考虑之前，签约国不应进行战争，无论如何不应该对遵守仲裁裁决或会议报告的任何签约国进行战争；（5）如果有任何签约国破坏它所做的保证，其他国家应该认为它们对这个国家处于战争状态，它们将联合采取军事的、财政的以及经济的手段，去阻止对盟约的破坏；（6）与非签约国之间的争端也应以同样的方法解决；（7）裁减军备；（8）俄罗斯帝国、奥匈帝国和奥斯曼土耳其帝国的殖民地实行委任统治；（9）国际联盟的组织体系和决策机制，包括在国际联盟建立行政院和一个常设秘书处来处理日常行政事务；（10）大国会议是国际联盟的轴心，举行大国首脑和外交部部长会议处理威胁世界和平的问题；（11）在行政院中大国要占有绝对优势等[②]。

徐蓝教授认为，英国的方案仍然不主张集体安全，它不仅将战败国排除在外，也没有各国相互保证领土完整和政治独立的内容，英国希望建立的是一个大国讨论与仲裁的国际机构，这恰恰是19世纪大国势力均

---

① ［加］卡列维·霍尔斯蒂：《和平与战争——1648—1989年的武装冲突与国际秩序》，王浦劬等译，北京大学出版社2005年版，第170页。

② 徐蓝：《国际联盟与第一次世界大战后的国际秩序》，《中国社会科学》2015年第7期。

衡的遗产。在关于殖民地的委任统治方面，该方案并不包括德国的殖民地，其目的是排除英国在战后获得德国殖民地的障碍①。

另一位学者韩莉也认为，英国所希望的是一个维持战前国际秩序的外交同盟，是战时协约国集团的继续；英国反对吸收德国进入战后国际组织；对威尔逊最早提出的互相保证领土完整与政治独立的集体安全原则也持反对态度②。

法国更是从现实主义角度来看待战后的国际秩序特别是欧洲秩序。

在法国总理克里蒙梭看来，"历史上的所有战争……都是征服战争……各个国家都永远在寻求一个满意的边界，而最明显的事是，它们从未发现它。"克里蒙梭承认，"战前的同盟体系、军备竞赛以及均势都已失败。但这已运作过几百年的机制也取得部分成功，而且尚不存在其他更好的办法③"。

法国政府表示将用经过时间检验的均势外交，保证不再需要法国人的生命在短时间内牺牲。凡尔赛会议前克里蒙梭曾在法国议会发表演说，他表示法国仍以均势外交作为和会的基本原则："有一个被称为实力均衡的旧有的联盟体系——这个联盟体系，我不会放弃，它将会成为我在和会上的指导思想④"。

法国成立了由杰出的自由党政治家布尔日瓦领导的专门委员会，制定国际联盟草案。"法国国际联盟草案的突出特点是这个国际组织拥有自己的部队。布尔日瓦主张国际联盟在现代民主国家中应该像正义组织那样运转，武装部队能够使国际联盟有力地干涉违反和平的行动并重建秩序。法国草案详细规定对违反盟约的国家进行制裁的措施。一旦国际联

---

① 徐蓝：《国际联盟与第一次世界大战后的国际秩序》，《中国社会科学》2015 年第 7 期。

② 韩莉：《伍德罗·威尔逊与国际联盟——评威尔逊国联政策的起源及实施中的两难》，博士学位论文，首都师范大学，2000 年，第 65 页。

③ ［加］卡列维·霍尔斯蒂：《和平与战争——1648—1989 年的武装冲突与国际秩序》，王浦劬等译，北京大学出版社 2005 年版，第 168 页。

④ 韩莉：《伍德罗·威尔逊与国际联盟——评威尔逊国联政策的起源及实施中的两难》，博士学位论文，首都师范大学，2000 年，第 83 页。

盟成员间有争端，军队可以自动地进行强制仲裁。如果有国家不接受国际联盟的决议，军队可以相应地进行经济或军事制裁。布尔日瓦倡议国际社会在国际联盟的领导下严格裁军。他主张全体成员国每年召开一次会议，成立一个较小的机构负责处理秘书任务[1]"。

法国反对德国加入国际联盟，主张建立一个不包括德国的国际联盟。"法国想把国际联盟变成反德的军事同盟，主张建立国际部队是为法国安全考虑。法国人认为，只有建立军事部队才能有力阻止和制裁侵略国家，才能真正保障国际社会的和平和安全。[2]"

远东的日本对未来的国际秩序没有提出新的设想，但日本从另一视角提出了对大战起源的解释。日本的近卫文麿认为第一次世界大战是倾向于维持现状的国家和倾向于打破现状的国家之间的战争，德国要以战争打破由英美法等统治的世界现状。在近卫看来，德国的要求是正当的。近卫进一步指出，由于维持现状的国家早已垄断了巨额的资本和丰富的天然资源，想通过不依靠武力的经济帝国主义来统治世界，因此在领土狭窄，原料缺乏，并且人口不多，工业制品市场贫弱的日本，沾染上以英美为本位的和平主义是毫无意义的。近卫的结论是，为了真正的和平，日本要和其他的后进各国共同打破经济上的帝国主义。如果这是不可能的话，那么日本为了自己的生存，可能就不得不像战前的德意那样，做出打破现状之举[3]。

英法等国家提不出新的想法，在需要有新理念的时候，盛产思想家的西欧能提出来的还是旧观念。

第三节　威尔逊对"一战"后国际秩序的设想

对列宁主张进行回应的是美国总统威尔逊。威尔逊在十四点计划中

---

[1]　尹保丽：《威尔逊与国际联盟关系研究》，硕士学位论文，河南大学，2010年，第33页。

[2]　同上。

[3]　［日］入江昭：《二十世纪的战争与和平》，李静阁等译，世界知识出版社2005年版，第56页。

提出了美国历史上第一个完整的国际秩序框架，其核心是以理想主义的集体安全取代近代以来欧洲盛行的均势。威尔逊希望国际社会从"丛林"走向规则。

在第一次世界大战前，美国对欧洲权力政治秩序可以说几乎没有什么影响，或者说，美国对战争起源的理解，对维持和平的理解与欧洲相差无几。当然更主要的是因为美国的孤立主义，而且欧洲觉得自己可以处理好内部事务，不需要美国来插手。第一次世界大战给了美国介入欧洲事务的机会。但威尔逊并不满足于美国参战是为了恢复欧洲的力量平衡，他相信美国是唯一的理想主义国家，美国的历史使命就是建立一个崇尚秩序、法律、自由和民主的国际社会。

与列宁的思想不同，威尔逊认为，战争的重要原因是少数人的专制，"现在我们的目的……是维护人类生活的和平与正义原则，反对自私的和独裁的权力，并在真正自由和自治的世界各民族中协调他们的目标与行动，从而保证这些原则的实现……对和平和自由的敌视源于独裁政府的存在，这些政府被那些组织起来的势力所支持，它体现了他们的意思，而不是人民的意志……我们与德国人民并无怨仇。我们对他们只有同情与友谊。他们的政府参加这场战争并不是他们的倾向……做出这场战争的决定与不幸的旧时代的战争的决定一样，人民意见并没有得到统治者的尊重，之所以挑起与发动战争是为了迎合王朝或一小撮野心勃勃的人们的利益，他们长期以来把人民视为爪牙与走狗……只有自由的民族才会将他们的目标与荣誉系于一个共同的目的，并将人类的共同利益置于他们自己的狭隘利益之上[①]"。

关于战后的和平，威尔逊的看法是，必须以新的国际关系原则来构建战后世界秩序，以避免大战的重演。这些新的原则有：

第一，世界和平可以通过多国间的经济交流来维持和促进。第一次世界大战爆发后，美国的对外贸易有大幅度的提升，由资本输入国变为

---

① ［加］卡列维·霍尔斯蒂：《和平与战争——1648—1989 年的武装冲突与国际秩序》，王浦劬等译，北京大学出版社 2005 年版，第 161 页。

资本输出国，由债务国变为债权国。"这样，人们理所当然地期待经济实力增强了美国在战后的世界里发挥前所未有的作用。而且在这种情况下，因为预料美国在国际上的作用多半是经济方面的，所以会考虑到战后的和平也会与复兴及促进国际经济活动相关。①"

十四点计划体现了这一点。和平时期和战时海上航行绝对自由；取消一切经济壁垒，建立贸易平等条件。

在威尔逊看来，自由贸易与和平是密切相关的，而过高的关税、严重的贸易壁垒和不公平的经济竞赛则会成为战争的根源。只要有自由的贸易流通，所有国家人民的生活水平就都有可能得到提高，这样，战争的可能性就会降低，人类就有机会实现持久和平。

第二，以国际合作来维护和平，大小国家一律平等。

威尔逊认为，现在必须有的不是实力均衡，不是一个反对另一个的强大的国家集团，而是建立一个单一的、压倒一切的强大的国家集团，它是世界和平的委托人②。

按照威尔逊的设想，在新的国际组织中，国家不分大小，一律享有平等的权利。新的国际组织保证每个成员国的政治独立和领土完整。在这个联合组织中，不允许有特殊的集团或条约的存在，除非国际联盟本身行使经济上的惩罚以外，不得运用任何方式的经济抵制或排斥③。

第三，和平依存于各国的国内秩序。

威尔逊认为，战争的消除不是通过推翻资本主义制度，关键在于根除专制和独裁。威尔逊所说的国内秩序指的是领导人代表国内民众的意愿，其政治体制是民主的而非专制的。在第一次世界大战后，专制国家为数不少，因此，威尔逊把和平的希望寄托在各国的国内改革上，只有经过改革，代表民意的领导人选举出来，那么，人类和平才有希望。相

---

① 〔日〕入江昭：《二十世纪的战争与和平》，李静阁等译，世界知识出版社 2005 年版，第 45—46 页。

② 韩莉：《竞争与妥协：巴黎和会上的美英关系》，《外交学院学报》2003 年第 1 期。

③ 李青：《威尔逊主义外交政策理念及影响》，《国际关系学院学报》2006 年第 4 期。

反，如果更能代表国民意向的领导人还未出现，就无法期待和平的到来。

威尔逊认为，只有这样的新秩序才符合人类理性和国际正义，也才能实现人类永久的和平。在欧洲开始没落，世界的权力中心逐渐转移的时候，威尔逊为世界提供了一个他心目中理想的秩序框架。

威尔逊的理想深刻地影响了欧洲，虽然美国后来拒绝参加国联，威尔逊在巴黎和会上也受到英法的排斥，但一战后的国际秩序打上了美国的烙印。

第四节　对大国战后国际秩序设想的评价

美国著名学者盖迪斯教授在《现在我们知道了——冷战再思考》一书中写道："如果说，第二次世界大战在欧洲创造了权力真空的话，那么，第一次世界大战无疑留下了一个合法性（Legitimacy）的真空。[①]"这里的合法性不仅仅是指战争中被推翻的帝国统治，也指传统的外交。第一次世界大战爆发后，传统外交受到严重的质疑，因为传统的外交未能制止战争的爆发，也未能在战争爆发后尽快结束战争。

传统外交受到质疑，世界需要新的理念。在这种情况下，大国提出了不同的方案。

英法固守传统的外交，他们认为，均势没有错，错在一次大战前的协调机制缺乏强制力。在大战结束后，只要补上这一缺陷就可以避免欧洲再次发生战争。

因此，在第一次世界大战后，英国的思路还是重建欧洲的力量平衡。在英国看来，重建力量平衡是可能的，德国已经战败，奥匈帝国瓦解，俄罗斯发生了革命，而法国拥有欧洲最强大的陆军，因此，当务之急是不能过分削弱德国，要阻止的是法国称霸欧洲的欲望。此外，英国也不希望美国过多干涉欧洲事务。

---

① John Lewis Gadds, *We Now Know*: *Rethinking Cold War History*, Oxford: Clarendon Press, 1997, p. 6.

列宁对当时的国际体系提出了全面的挑战。他设想的国际秩序不仅要推翻各国政府，还要彻底改变各国的制度，列宁的设想导致了西方对苏联的极不信任。以后英法在东欧设置"防疫带"，30 年代一直排挤苏联都与此有关。

在看到西欧不可能发生世界革命后，列宁放弃立即开展世界革命，将在资本主义国家推进革命的想法，转变为在落后民族推进革命，以缩小帝国主义经济剥削的范围，加剧其国内危机，最终促发其国内无产阶级革命。列宁把目光投向了东方，其关于国际秩序的设想在东方产生巨大的影响。

威尔逊对战后国际秩序的构想，也对国际体系提出了根本上的挑战。他的构想强调集体安全而不是均势；赋予了小国以平等参与国际事务的地位，这是大国决定小国命运的传统首次受到挑战。但威尔逊的国际体系不改变西欧各国的制度，而是建立国际联盟。当然，威尔逊希望世界各地的专制国家能改造成民主国家。

威尔逊的思想在第一次世界大战后尽管受到民众的欢迎，特别是弱小国家的欢迎，但英法意日等主要大国的领导者从内心深处并不喜欢威尔逊的设想。在美国国内，威尔逊的思想也是曲高和寡。

第一次世界大战结束后，美国重新回归孤立主义。美国在力量弱小时，推行孤立主义是可以理解的，但在一次世界大战后，孤立主义思潮复兴，这却很难用常理来解释。美国记者西蒙兹认为美国人"回到了他们所惯用的方法和他们所熟悉的观念中……这种回归与其说是一种理性思考的结果，不如说是一种固有的本能①"。

威尔逊对战后世界的安排，无疑是从美国的国家利益出发，但是，我们也应该看到：

第一，威尔逊总统在战争爆发后，一直思考的是如何走出传统的处理战败国的方法来控制和预防国际冲突和危机。自人类有战争以来，一

---

① 刘绪贻、杨生茂主编：《美国通史·4》，人民出版社 2002 年版，第 502 页。

直有哲人和政治家在思考如何避免战争，至近代，比较流行的方式是惩罚战败国，建立大国间的均势来维持和平，最典型的是拿破仑战争后的《维也纳总决议》。第一次世界大战爆发后，从各大国在战前相互之间签署的秘密协议看，如果战争立即结束，那么，欧洲各国将会用原有的方式来处理德国。正如德国在击败俄国后，迫使俄国签署的《布列斯特和约》一样。但是，持续的战争使美国加入了第一次世界大战，威尔逊提出了新理念，即没有胜利者的和平。其内在的含义是通过国际合作、国家内部改革和经济交流，实现永久的人类和平。

第二，美国试图引领国际社会走向文明。威尔逊的设想试图引领国际社会从无序走向有序，从丛林社会走向有规则的社会，这其中肯定存在很多问题，但我们该做的，不单单是谴责。

第三，威尔逊希望通过国际联盟，使各国的合作不是基于力量的考虑，而是基于共同制定的规则。这些规则包括如何处理彼此发生的领土、贸易争端，大国不再是均势的操纵者。英国在处理欧洲局势时，一直是欧洲均势的操纵者，1936年3月底，丘吉尔在保守党外交委员会阐述了他多年来，实际上一直到他生命最后一息所遵循的英国的欧洲政策原则。丘吉尔说："英国400年来的对外政策，就是反对大陆上出现最强大、最富于侵略性和最霸道的国家，特别是防止比利时、荷兰和卢森堡落入这个国家的手中。从历史上看，在这四个世纪中，人和事，环境和情况已发生了变化，而这个目的却始终如一，这是世界一切种族、民族、国家或人民的历史记载中最突出的事情之一[1]"。

历史上，英国有时扶德抑法，有时扶法抑德，也曾联合法国在克里米亚战争中击败俄罗斯。

而美国寻求的是各国之间的合作。威尔逊希望国际社会在国际联盟的引导下，有共同的政治理念，有良好的经济合作，彼此即使有矛盾，也能通过共同认可的规则来解决，彼此寻求的是合作而不是对抗。

---

① 陈乐民主编：《西方外交思想史》，中国社会科学出版社1995年版，第163页。

　　第四，美国关于战后世界的部分设想在当时是有争议的，但现在来看，毕竟符合发展的潮流。《凡尔赛条约》关于东欧的安排饱受争议。著名历史学家 A. J. P. 泰勒认为，欧洲的星座发生了深刻的变化——而且是有利于德国的变化。中国学者时殷弘教授认为，"战胜国的政治家们又可谓浑浑噩噩地安排了一套地缘政治格局，它足以大大便利德国的扩张。在处理主要由奥匈帝国的战败和崩溃留下的东欧问题时，战胜国依据的不是着眼于国际制衡的欧洲传统均势原则，而是不考虑或干脆损坏国际制衡的民族自决原则。这个新原则同国际集体安全一起，被美国总统威尔逊宣布来结束他抨击为战争之源的权势政治。诚然，民族自决反映了东欧众多民族一般无可厚非的自主愿望，而且在巴黎和会开始以前就已在很大程度上由它们自己转变为既成事实，但将这个高度简单化的原则贯彻于异常错综复杂的东欧（那里民族分布犬牙交错，族际敌对由来已久，而经济上却构成一个自然的整体），据此划分国际疆界，就必然顾此失彼，矛盾百出[①]"。

　　就短期而言，时殷弘教授的批评不无道理，但从长时期来看，威尔逊的观念及实施满足了东欧各族人民独立自主的愿望。

　　"二次大战"后，美国积极地介入到国际事务中去。富兰克林·罗斯福沿着威尔逊的方向考虑战后世界的安排。美国设计的战后国际秩序基本上承继了威尔逊的思想，如民族自决、集体安全、国际合作和自由贸易等。战后美国设计的国际秩序的基础仍然是威尔逊提出的开放的世界经济秩序、多边冲突解决与和平保障机制以及民主政府的扩展。

结　语

　　从各国对战后国际秩序的考虑来看，大国之间缺乏共识，分歧巨大。表面看来，每一方都呼吁和平，和平是当时的人们最渴望的，人们

　　[①]　时殷弘：《旧欧洲的衰颓——论两战之间的英法外交与国际政治》，《复旦学报》1999 年第 6 期。

还渴望战后的和平，能避免爆发新的战争。

但各方对和平的理解是不同的。苏（俄）的和平是各国国内先爆发革命，然后建立永久和平；英法的和平是重新建立均势，对原有的调解机制作一些修补的和平，它们不反对建立国际联盟，但联盟是它们控制欧洲的手段。相对来说，威尔逊是巴黎和会上唯一有新观念的政治家。威尔逊希望建立一个新秩序，当然，在这个新秩序当中，美国将扮演非常重要的角色。

分歧巨大的起因是理念的不同。许多新的理念，人类要在流血之后才会明白，有时一次痛苦还不够。第一次世界大战后，大小国家平等、民族自决等想法太过超前。第二次世界大战后，民族平等、集体安全和国家内部的改革成为共识。如果说第一次世界大战后，民族平等还难以接受的话，那么，第二次世界大战后，欧洲的民众已完全能够理解，因为他们的国家被占领，他们的自由被剥夺，他们的生命受到威胁，他们的亲朋好友也可能丧生于各种集中营。

由于大国之间分歧巨大，在巴黎和会上，威尔逊有时在原则问题上也要做出让步。凡尔赛体系是各方妥协的产物。《凡尔赛和约》有一些威尔逊主义的元素，有法国削弱德国的想法，也有英国均势的考虑，还有就是排斥了苏（俄）。因此，凡尔赛体系作为一种国际体制，其结构模式基本上仍然是 19 世纪那种以欧洲为中心、以欧洲大陆均势为特点、对世界加以控制的伞状结构的延续[1]。

大国在战后国际秩序上的分歧，使世界在第一次世界大战后失去了建立了良好的国际秩序，此后再次爆发大战。

---

[1]　李巨廉、潘人杰：《第二次世界大战——专题述评》，华东师范大学出版社 1990 年版，第 13 页。

第五章

德国崛起后未能及时融入国际社会

大国崛起后，如何融入国际社会，国际社会如何接纳它，人类在这方面留下了宝贵的经验与教训。本章以德国为例，着重分析崛起后的德国为什么难以融入国际社会并最终走向世界大战。

第一节　德国在国际格局中的地位

在现代国际关系史中，德国一直扮演着挑战者这样一个角色，留给世人的印象是好勇喜斗。它先后挑起了第一次世界大战和第二次世界大战，以至西方国际关系学界给德国起了"问题儿童"这样一个外号，意指德国崛起后，只会盲目地使用自己的力量。

首先，德国的这一角色与它从中世纪以来在国际上的地位是有关联的。

德国作家艾米尔·路德维希认为，"德国的整个中世纪历史是一部悲剧。在这部我们以后称之为德国中世纪的伟大的悲剧的序幕中，我们听到的大部分主题将是低沉的①"。近代欧洲格局中的德意志，在相当长时期里也是一出悲剧。自有主权国家和具有真正意义的现代国际关系以来，

① ［德］艾米尔·路德维希：《德国人——一个民族的双重历史》，杨成绪等译，东方出版社 2006 年版，第 23 页。

德意志似乎就一直是一个不受欢迎的民族。德意志周边大国林立，这些大国没有一个愿意看到德意志的统一。例如，从17世纪起，法国外交的一个基本原则是，要么促使德意志分裂为众多独立的邦国，要么防止邦国合并为一个统一的国家。在法国看来，德意志的强大一定会威胁到法国的安全。法国政治家梯也尔曾作过这样的概括："欧洲政治必须要确保德意志是由一系列独立的国家而构成的一个松散的联盟。①"

其次，在各个国际体系下，德意志民族始终受到惩罚或受利用与防范。

1648年，欧洲经过三十年战争后确立了威斯特伐利亚体系，在该体系中，法国成为战争的最大赢家，确立了欧洲霸主的地位。而新的国际秩序对德意志而言则是一场灾难。在这一秩序中，可以说德意志民族处于历史上最衰落的地位。德意志陷入分裂，其境内共有360个独立的邦国、4万个世俗领地、4万个教会领地。仅仅有点亮色的是普鲁士的兴起和奥地利对衰落的极力挽救。

1815年，在拿破仑帝国覆灭后确立的维也纳体系中，德意志是受到利用和防范的。

普鲁士和奥地利是对法作战的主要国家，许多战役也是在德意志的领土上进行。作为战胜国，普鲁士和奥地利都有所收获。奥地利成为法、俄、普三大国中的一个重要平衡因素，普鲁士加强了它在德意志空间中的地位。但是，在维也纳会议上，列强对德意志是不放心的。几乎没有一个欧洲大国同意建立一个统一的德意志国家，在它们看来，统一的德意志会打破欧洲的力量均衡，进而威胁欧洲和平。

维也纳体系最根本的考虑是均势，对德意志的安排首先服从这一点。从整个均势角度考虑，在欧洲两大强国法俄之间要有一个缓冲带，它最好由诸多小国构成。因此，德意志的分裂继续维持。其次，是在德意志内部维持均势。普鲁士和奥地利两强相互牵制，不允许它们单独获得德

---

①　王黎：《欧洲外交史1494—1925》，天津人民出版社2011年版，第253页。

意志的霸权地位。

在大国的视野里，德意志是整个均势安排中的一颗棋子，用西方人的话说，德意志是欧洲均势的"拱顶石"，它的稳定是欧洲稳定的基础，说得再直白一点，那就是，欧洲的和平需要德意志的分裂。

最后，德意志在欧洲格局中的这样一个地位，对德意志民族的影响是多方面的。

第一，德意志民族对现状是不满的。诗人歌德就对德意志的分裂发出了"德国在哪里"的慨叹。另一位伟大作家席勒同样在问："德意志？它在哪里？我找不到我的国家①。"除歌德和席勒之外，德国的诗人、哲人、历史学家、政治学家和各界名流类似的论述和感慨同样数不胜数。

第二，德意志民族的不安全感。艾米尔·路德维希认为，条顿人灵魂深处始终潜伏着一种不安全感，即使他们胜利了，足迹遍及欧洲，也还不感到轻松。② 德意志人居住在欧洲大陆的心脏地带，过往的历史使德意志人担心自己处于大国的包围之中，成为大国角逐的战场。

第三，德意志民族的自卑感和恐惧感。在英国、法国和俄罗斯成为民族国家，并在国际上获得极高的地位时，德国仍四分五裂，这一现实不能不使德国人感到自卑。路德维希指出："他们一直担心被人看不起。这种恐惧和自卑感驱使他们不断行动……所有这一切并不是为了物质的目的；德国人并不因为生活富裕和轻松去征服别的国家，而主要是为了显示他比别人优秀。③"内心的自卑导致德国人更渴望向世界证明自己。

第四，德意志民族的优越感。强烈的自卑感和强烈的优越感是相连的，稍微留意一下世界各民族的自我感觉状态，我们可以发现没有一个民族像日耳曼人那样具有如此强烈的种族优越感，甚至连他们的思想家

---

① ［英］玛丽·富布卢克：《剑桥德国史》，高旖嬉译，新星出版社 2017 年版，第 1 页。

② ［德］艾米尔·路德维希：《德国人——一个民族的双重历史》，杨成绪等译，东方出版社 2006 年版，第 12 页。

③ 同上书，第 26 页。

也是如此①。比如费希特声称，日耳曼人的语言是"最纯洁的，最与众不同的，只有在他们的影响下，历史才能展开一个新纪元，这个新纪元将反映宇宙的法则②"。对于这种优越感，是不是可以这样说，日耳曼民族在种族优越方面表现出的过分自信，恰恰是因为他们从未有过这种自信。

第五，德意志民族过于崇尚武力。长期处于大国的包围之中，经常成为大国角逐的战场的历史，使德国人特别崇尚武力。看看尼采怎么说的，"我们尚不知道还有任何其他手段能像每一场大战那样，把军营磅礴的气势，与个人无关的仇恨，无情地杀戮而问心无愧的精神，举国上下必置敌人于死地的热忱，对巨大牺牲的傲然漠视，将个人安危与朋友的生死置之度外的英雄气概以及心胸坦荡等品质直接有力地传达给赢弱的民族。文化决不能没有激情、罪恶和憎恨。当罗马人建立起帝国并变得厌倦战争时，他们便试图通过角斗士的厮杀和对基督教徒的迫害获得新的力量。今天的英国基本上放弃了战争，但他们也采取其他办法来重新激起日渐消亡的活力，这些方法包括危险的探险、航海、登山。名义上是为了促进科学事业，实际上是要把在对付各种危险和困难后余下的精力带回国。人们还会发现许多其他代替战争的方法，但正是因为如此，下面这个事实才变得更加明显，即像现代欧洲这样高度文明、因而必然意志衰弱的人类社会不仅需要战争，而且需要最大规模、最可怕的战争，即使退步到野蛮状态也在所不辞。否则，人类社会因为文化而丧失文化并招致自我毁灭③"。

柏林大学的历史学教授特莱希克（Heinrich von Treitschke）的话也许最能反映日耳曼民族的原始尚武精神，他认为："战争不仅仅是一种实际上的必要，它也是一种理论上的必要，一种逻辑的要求。国家这一概念意味着战争的概念，因为国家的本质是权力……要在这个世界上永远消

---

①　倪乐雄：《森林与"猎人的优越感"——日耳曼民族战争意识探源》，《德国研究》1999年第 2 期。

②　［美］威廉·夏伊勒：《第三帝国的兴亡——纳粹德国史》（上卷），董乐山等译，世界知识出版社 2015 年版，第 94 页。

③　［美］詹姆斯·多尔蒂、小罗伯特·普法尔茨格拉夫：《争论中的国际关系理论》，阎学通等译，世界知识出版社 2003 年版，第 221 页。

灭战争不仅是一种荒谬可笑的希望,而且也是极其不道德的希望。这将造成人类灵魂的许多基本的和崇高的力量的萎缩……一个国家的人民,如果执迷于永久和平的幻想,就必然要因为在超然孤立中衰败而不可救药地灭亡[①]"。

第二节　大国对德国崛起的猜疑

对现状不满的德意志民族,必然要求对维也纳体系做出修正。1871年普鲁士在各大国的默许下完成了对维也纳体系的修正。

然而,当统一的德国出现在世人面前时,整个欧洲仍然对此大为吃惊。原本四分五裂的心脏地带变成了一个强大的国家,欧洲的权力中心从巴黎转到柏林,德国在大国体系中占据了主导地位。当时的欧洲大国能容忍德国突破传统欧洲的均势框架吗?

在国际关系史上,我们可以看到这样的情况,国家强大后,其他大国就会产生妒忌或疑惧,它所受到的外部压力不但没有减少反而有所增加,该国的外部环境变得更不安全。德国就面临这一情况。

英国并不欢迎这个新崛起的中欧强国。

在德国统一前,英国一直是普鲁士的盟友,两国多次联手对付法国。但是,普法战争结束后,英国的态度发生了变化。

在法国巴黎被围时,英国就有人提出要进行干预。在法国即将战败之际,英国保守党领导人索尔兹伯里提出,英国不能消极中立,要阻止德国获得阿尔萨斯和洛林。

在新帝国成立后不久,英国首相迪斯雷利就做出了反应,他在下院说:"这场战争(普法战争)意味着德国的革命,它的政治影响比上个世纪的法国大革命还要大……你们正面临一个新的世界,正在产生新的影响,有些新的,尚辨认不清的目标和危险需要应付,这样的事情目前看

---

① 〔美〕威廉·夏伊勒:《第三帝国的兴亡——纳粹德国史》(上卷),董乐山等译,世界知识出版社 2015 年版,第 144 页。

来还处于朦胧状态而少有人知……但是，欧洲已经发生了什么事情呢？力量平衡已经彻底被破坏了①"。

英国担心德国在统一后，随着其实力的增长，可能会要求取得与其世界一流实力相称的世界强国地位，成为一流的殖民帝国和拥有世界一流的海军以及欧陆霸权。

很显然，英国作为霸主对新生的德意志帝国满是顾虑，觉得自己受到的冲击最大，也最能感受这种巨变带来的后果。当然英国需要进一步观察德国的动向。

俄国也不欢迎德国的强大。德俄之间是有传统友谊的。俄国1868年的友好承诺和1870年的善意中立，才使普法战争限于局部范围。但是，德国的统一改变了一切，美国学者保罗·肯尼迪认为，"俄国人，尽管在1870—1871年期间乐于保持中立，并利用西欧的危机来改进自身在黑海的地位，但对欧洲的重心在柏林这一事实不满，而且，暗中对德国今后的所作所为表示担心②"。俄国的不满有这样几方面的原因。

第一，俄国一直以普鲁士的保护者自居，视普鲁士为俄罗斯的小朋友，而现在随着德国的强大，德国已经与俄罗斯平起平坐。

第二，如果一直以这样的趋势发展，德国将取得欧洲大陆霸权，若如此，那俄罗斯在欧洲大陆的地位将一落千丈。从某种程度上来讲，俄罗斯是一个虽处于欧洲大陆边缘，但对欧洲大陆施加强大影响的国家，它不能容忍其他大国称霸欧洲大陆，因为那样的话，俄罗斯就成为一个边缘化的国家。

第三，德国的强大会造成奥匈帝国向德国靠拢，若德国支持奥匈帝国，那么，俄罗斯在争夺巴尔干时会陷于孤立。

正因为此，俄罗斯逐渐从德国传统的反法盟友转变为法国的支持者。1875年，俄罗斯明确告诉德国，不支持德国对法国采取预防性战争。

被击败的法国一直寻找着复仇的机会。大国中只有奥匈帝国对普鲁

① 陈乐民主编：《西方外交思想史》，中国社会科学出版社1995年版，第43页。
② ［美］保罗·肯尼迪：《大国的兴衰》，蒋葆英等译，中国经济出版社1989年版，第236页。

士统一德意志逐渐显示出善意。

对于强大带来的危险，德国宰相俾斯麦是有清醒的认识的。俾斯麦非常清楚德国的统一对欧洲格局的影响，他说："1871 年创造的这个中欧空间地带的新组织，已经达到了这个欧洲秩序所能容忍的最大极限。只有当德意志的政策最大限度地、也是不断地照顾到这个国际秩序参加者们的利益时，普鲁士 - 德国的存在以及它在欧洲的大国地位，才能得到保证。这个帝国，应完全像德意志同盟那样，必须具有能在这个欧洲整体体系内维护和平、安全、平衡的功能，并发挥桥梁作用。这就是说，这个帝国应该保留它的向西方和向东方的政治选择，以扩展自己的贸易活动空间，并以此来保证这个普鲁士 - 德国在和平轨道上的发展①"。

德皇威廉一世也忧心忡忡地写道："我们不会再被欧洲人视为无辜的受害者了，相反，我们将被看作是傲慢的胜利者；不是再被人征服，而是决心让对手彻底毁灭。②"

正因为此，在德意志帝国建立后，俾斯麦一直小心翼翼，在世界面前显示德国是一个非常满足的国家。俾斯麦很清楚地将德国定位为欧洲大陆的霸主，不挑战或至少暂时不挑战英国的世界霸主地位。用他自己的话说："德国的地位足够强大……除了同所有邻国和平相处外，它别无所求。③"

俾斯麦也明白自身地理位置所面临的危险。他说："我们位于欧洲中部。我们至少有三条会遭到进攻的战线，而法国却只有一条东部的国界，俄国在西部的边界上有遭到进攻的可能。此外，根据世界历史整个发展情况，我们的地理位置以及根据德意志民族的内部结构与其他民族相比也许相当松散这一特点，我们比任何一个别的民族更容易遭到别人联合起来对付我们的危险。④"

---

①　陈乐民主编：《西方外交思想史》，中国社会科学出版社 1995 年版，第 44 页。
②　王黎：《欧洲外交史 1494—1925》，天津人民出版社 2011 年版，第 253 页。
③　转引自时殷弘《欧洲强国抑或世界强国》，《世界历史》2000 年第 4 期。
④　萧汉森等：《德国的分裂、统一与国际关系》，华中师范大学出版社 1998 年版，第 168 页。

德国改变了现状，实现了统一的梦想，但招致了各大国的猜疑。德国的不安全感和恐惧感依然存在。如果德国的低姿态不能一直保持下去，如果德国不能处理好方方面面的关系，那么德国的处境将会如何？

第三节　德国的强大及随之带来的问题

德国统一后，俾斯麦外交的成功得到了公认。

但是，有几个问题是俾斯麦也无法解决的，这些问题有历史遗留下来的，有德意志的发展所不可避免要遇到的。

第一是法国问题。如果法德能够和解，那么，德国的战略地位将获得极大的改善，以俾斯麦的外交才能，德国在处理国际问题时能更加游刃有余。然而，普法战争结束后，德国对阿尔萨斯和洛林的占领使德国和法国无法友好相处。

普鲁士在击败奥匈帝国后的处理非常高明，为以后的德奥合作留下了余地。但是，它在击败法国后的处理却为以后德意志帝国留下了隐患。俾斯麦最初不赞成占领阿尔萨斯和洛林，但德国的军事将领们认为，占领洛林的梅斯，可以加强相当于 12 万人的兵力，是必不可少的[①]。完全可以这样说，德国对阿尔萨斯 - 洛林的占领，缺乏战略眼光，它基本上断绝了德法关系改善的任何可能，"束缚了 1914 以前德帝国对外政策上的活动空间。一个以法、德谅解为基础的欧洲集团，这种对德国的未来可能是最有价值的可能性，已经与这个帝国无缘了。还远远不止如此，更重要的是，这个敌人对于德帝国来说太强大了，以至于不可能永久地粉碎它，而一个没有被粉碎的法国，怀着失去领土的怨恨，在时刻等待着复仇的机会[②]"。

德国随时要提防法国的复仇。法国利用欧洲均势局面结交盟国，组

---

①　［德］艾米尔·路德维希：《德国人——一个民族的双重历史》，杨成绪等译，东方出版社 2006 年版，第 333 页。

②　李工真：《德意志道路——现代化进程研究》，武汉大学出版社 1997 年版，第 220 页。

成反德敌对阵线的可能性是存在的，俾斯麦曾在一份备忘录中说："这类结盟的噩梦对于一位德国大臣而言始终是情理中事。反对我们的同盟是可以在西方大国加上奥国，抑或更可怕的是俄奥法联合的基础上结成①"。

法德对抗大大减少了德国对外政策的回旋余地。

第二，随着德国的发展，国内民族主义对德国外交政策的影响越来越强。

民族主义在德意志统一中起了相当大的作用，但是，民族主义的发展，难免走向另一面，即认为德意志是世界上最优秀的民族，因此希望德国达到英国那样一个地位，成为一个世界性的帝国。

帝国国会议员、泛日耳曼联盟主席哈塞在1895年出版的一本名为《1950年的在德国和中欧》的书中认为，德国应该包括荷兰、比利时、瑞士的讲德语的部分地区和奥地利—匈牙利，以及波兰、小俄罗斯、罗马尼亚和扩大了的塞尔维亚②。持这种观点的人不是少数。德国一位军界要人卡尔·冯·贝恩哈尔迪认为，德国人应该统治世界。因为不列颠人要比德国人少，但是不列颠人以他们的残暴征服了五分之一的世界。俄国人和波兰人的文化完全归功于德国人，因而应该置于德国的统治之下③。

著名学者韦伯当时也是一个泛德意志主义者。他与历史学家特赖奇克同为民族主义和帝国主义宣传的主要人物。他们认为，"德国的历史分三个阶段，勃兰登堡在18世纪扩张为普鲁士、普鲁士在19世纪扩张成为德意志帝国、德意志帝国也将在20世纪成为世界性大国④"。

在精英们的鼓动下，随着德国经济的快速发展，以及在科技文化方

---

① 朱瀛泉：《近东危机与柏林会议》，南京大学出版社1995年版，第3页。

② ［德］艾米尔·路德维希：《德国人——一个民族的双重历史》，杨成绪等译，东方出版社2006年版，第370页。

③ 同上书，第372页。

④ 徐弃郁：《脆弱的崛起——大战略与德意志帝国的命运》，新华出版社2011年版，第178页。

面取得的成就，德国民众的民族主义情绪趋于狂热。他们支持对外扩张，支持强硬的对外政策，他们视妥协为软弱，视保守为无能。俾斯麦的大陆政策逐渐为新的世界政策所替代。

第三，德国的强大使它要承担起处理某些重要国际问题的责任，对这些问题的处理，肯定会涉及盟友之间的关系，德国能处理好盟友之间的关系吗？

当普鲁士尚未统一德国，普鲁士对于俄国和奥匈帝国在巴尔干的争端可以不管，由霸主英国出面安排。但在德国成为欧洲政治格局的主导者时，它必须出面来解决俄国与奥匈帝国的矛盾。但俄奥两国在巴尔干因利益对立而长期不和，高明的俾斯麦也没有好的办法，1878 年柏林会议就是明证，俾斯麦用尽手腕也还是得罪了俄国。

德国在处理与俄国关系时，还有另一个方面值得注意。崛起的德国也面临着如何面对同样正在崛起的大国。

自农奴制改革后，俄国的工业和农业发展迅猛，这带来两个显著的后果。一是大量的农产品开始向欧洲出口；二是从长期的趋势看，俄国的工业品大量出口也是指日可待的。尽管克里米亚战争削弱了俄国，但根据保罗·肯尼迪掌握的资料，与德国相比，"俄国在这几十年内'相对实力'从 1894 年以后的低点开始上升，而德国则已接近巅峰了"。斯托雷平在 1909 年曾夸口说："假如给俄国 20 年的国内和平，你就会认不出俄国了。[①]" 如何面对这样一个极有潜力的大国，需要德国的精英拿出智慧——是向俄罗斯开放农产品市场，并允许德国的资金和技术不受限制地输入俄国；还是采取一定的限制，限制俄罗斯农产品的进入，限制德国的资金和技术进入俄国，防止俄国成为德国潜在的竞争对手。

第四，随着德国的强大，它的利益向全世界延伸，它要处理好利益的延伸所带来的与其他列强之间特别是英国之间的冲突。

正是这些问题的存在，使长袖善舞的俾斯麦也无法完美地处理得

① ［美］保罗·肯尼迪：《大国的兴衰》，蒋葆英等译，中国经济出版社 1989 年版，第 302 页。

当——要么得罪盟友；要么得罪国内的民众和精英。而俾斯麦的后继者处理问题的随意，加深了英、俄对德国动机的猜疑，德国与各大国为敌，使自身陷于孤立。

在统一后的 20 年里，德国在大国体系中占据主导地位，柏林成为欧洲权力的中心。但是，随着 1891 年法俄军事同盟的结成，以及 1904 年和 1907 年英国与法、俄协约的签署，德国逐渐成为两极格局中的一方，更危险的是，德国在某种程度上陷入了它最担心的大国的包围之中。英法和英俄协约的达成，表明德国成为英国最警惕的对象，虽然协约没有军事方面的义务，但英德关系似乎还有改善的余地。

从欧洲格局的主导者变为两极中的一极，而且还被大国给包围了，这对德意志民族的自尊心是一个极大的打击，德国统治者在国内外也承受着巨大的压力。德国做出怎样的抉择对国际局势的发展将产生深远的影响。

第四节　面对危机时政策抉择的不当

德国陷于孤立，在解决国际问题时，肯定会受到英法俄的压力，德国也无疑要做出强烈的反应。但是，双方的对峙是不是意味着第一次世界大战必然爆发呢？

霍布斯邦（又译霍布斯鲍姆，本章统称霍布斯邦）认为，"可以绝对确定的是，1914 年以前，没有任何一个强国的政府想打一场全面的欧洲战争[①]"。退一步说，至少没有哪个大国准备入侵德国。

霍布斯邦进一步写道："法国和德国有争议的问题与奥地利没有什么利害关系；而可能导致奥地利和俄国冲突的问题（也就是俄国在巴尔干的影响力有多大），对德国来说并不重要。俾斯麦曾说，巴尔干半岛不值得牺牲一名波美尼亚榴弹兵。法国和奥国之间没有真正的争执，俄国与

---

① ［英］艾瑞克·霍布斯邦：《帝国的年代 1875—1914》，贾士蘅等译，国际文化出版公司 2006 年版，第 364 页。

德国之间也没有。更有甚者，使德国和法国不和的问题虽然永远存在，但大多数法国人却根本不认为那值得一战；而导致奥地利和俄国不和的问题虽然比较严重，却只是间歇发生。①"

李巨廉和潘人杰两位教授也认为，"世界大战的爆发，同主要策动国或参战国的当权集团最初决策的愿望和预期是不一致的"，各大国"至少不想打一场如此规模和如此结局的世界大战②"。

三国协约是防御性的，不具有进攻性，因为尽管法俄结盟，但英国与法国、俄国没有军事方面的条款。因此，人们关注更具进攻性的德国究竟在决策上犯了什么错误，使世界陷入大战的。

从理论上讲，面对包围，德国的选择不外乎这样几种，一是示弱，以图分化瓦解对手；二是强硬中有退让，示弱中有坚持；三是一味强硬。德国选择的是第三种即"有限冒险"政策，以强力手段反击三国的包围。

德国为什么会做出这样的选择，学术界有多方面的理解，这其中有历史上长期受到压制的因素；有对自身实力的自信；也和领导人的素质有关。

德国选择这样的政策，带来了严重的后果。

第一，德国在国际上的处境越来越艰难。外交是需要妥协的，但在从上至下处于民族主义狂热的德国，让步就是怯懦，德国领导人试图凭借暂时的军事优势，以强硬的手段打破大国对德国的包围。因此在国际事务中一次次表现出强硬姿态，以此来迎合国内民众的要求，并期望以一场胜利来赢得民众的欢呼，进而平息民众对政府在其他方面的不满，结果不但没有打破包围圈，反而是进一步加强了协约国的凝聚力。前已述及，英国没有对法俄承担军事方面的义务，但随着危机的发生，英法

---

①　［英］艾瑞克·霍布斯邦：《帝国的年代 1875—1914》，贾士蘅等译，国际文化出版公司2006 年版，第 368 页。

②　李巨廉、潘人杰：《第二次世界大战——专题述评》，华东师范大学出版社 1990 年版，第 2 页。

开始在军事方面进行交流和会谈。

第二，德国在处理国际危机时的回旋余地越来越小。在波斯尼亚危机时，德国得寸进尺，一再威逼俄罗斯，过分欺压俄罗斯。当萨拉热窝事件爆发后，俄罗斯已退无可退，再退，俄罗斯在巴尔干的影响将会一落千丈，这是俄罗斯完全不能接受的。而由于在波斯尼亚危机中，法国已要求俄罗斯妥协，因此，在萨拉热窝危机中，法国只能坚决支持俄罗斯，否则，俄罗斯会怀疑与法国结盟的价值，这是法国所无法承担的。正如英国学者詹姆斯·约尔在《第一次世界大战起源》一书说的那样，战争的危险多次烟消云散，1908 年、1911 年和 1913 年的危机过去了，但 1914 年的危机却未能避免，因为危机的处理是相连的①。德国应该充分考虑到另一方曾做出的让步，不能任由奥匈帝国向塞尔维亚提出过分的要求，把别人逼到墙角。

第三，德国离战争越来越近。德国在推行有限冒险的政策时，盲目迷信自身的实力，在处理危机时过于一厢情愿，认为对方会让步。中国学者陈兼认为，在萨拉热窝危机的初期阶段，德国领导人"都倾向于相信没有一个协约国大国会对奥 - 塞冲突进行干预。随着危机局势的恶化，越来越多的迹象表明实际的情况可能恰恰相反。尽管如此，德国决策者并未对这些迹象给予认真严肃的考虑，而坚持将其危机对策置于协约国各国将不会进行干预的设想之上。这样，德国实际上便将危机情势引入了一个除爆炸外难有别的出路的死胡同。结果当形势发展与德国的危机设想背道而驰、各协约国大国进行干预已成为现实时，德国亦已失去了转换的任何余地②"，这是一方面。另一方面，德国又低估对手的实力，相信自己能以很小的代价赢得战争。德国认为，即使战争真的发生，德国也没有什么好惧怕的，由于德国有优势，胜利属于德国。在德国看来，战争不可能持久，经过一、二次会战，就会分出胜负，半年之内可以结

---

① James Joll, *The Origins of the First World War*, New York, 1992, p. 234.

② 陈兼：《德国、英国与七月危机——关于国际危机处理的一项个案研究》，《世界历史》1990 年第 6 期。

束。当战争爆发时，姑娘们亲吻走上前线的德国小伙子，希望他们在圣诞节前回国。

第五节　从合作到再次挑战

德国在第一次世界大战中再一次被孤立，除了同族的奥匈帝国外，世界上所有强国都与它为敌。德国的力量不可能抗击整个世界。

处理战败国的凡尔赛会议上，美国有一些新的观念，希望一场残酷的战争能带来伟大的和平，从这一角度出发，美国并不主张严惩德国。其余列强带着传统的观念，在他们看来，让战败国承担战争罪责并割地赔款，那是天经地义的事情。只是从均势出发，英国不希望过分削弱德国，但认为德国还是要受到相应的惩罚。

对于凡尔赛协定对德国的处罚，学术界有两种看法，一种观点认为，对德国的处罚是温和的，当时的国际社会舆论希望巨大的牺牲能换来伟大的和平，并不主张过分严厉地处罚德国。

从凡尔赛和约的具体条款来看，"德国只丧失了按民族的理由她不该占有的土地，失去的殖民地并无多大价值，割让的领土部分是讲外族语言优势的人口地区，阿尔萨斯和洛林原本来自法国，萨尔区尽管留等以后公民投票，但那是有希望回归的。至于禁止德奥合并，大多数的德意志帝国的德意志人对此并无不满，他们视奥地利为外国。而限制军备，在没有外敌入侵的危险的情况下，对德国经济是有益无害，某种程度上它减少了德国不必要的开支①"。

另一种观点认为，条件是苛刻的，"它是一个残忍的胜利者在文明史上所干出的最凶暴的行为之一②"。另外，战胜国与战败国之间没有任何谈判，德国是在刺刀下签字的。

---

① ［英］A. J. P. 泰勒：《第二次世界大战的起源》，潘人杰等译，华东师范大学出版社1991年版，第22页。

② 颜声毅等编：《现代国际关系史》，知识出版社1984年版，第63页。

也有学者认为，凡尔赛和约是强制的温和的和平。

但问题的关键之处在于德国人是如何看待凡尔赛和约的。德国人视之为耻辱。谢尔曼总理拒绝签字，宣布辞职，并宣称谁签字谁的手就将会烂掉。总统艾伯特也表示要走人，据说是手下苦苦挽留，德国不能没有他。在凡尔赛和约签字的当天，德国各大报纸将这一天定为国耻日，号召德意志人民记住这一天。

凡尔赛和约在精神上对德意志的伤害更为严重。

劳合·乔治说道："你们可以夺走德国的殖民地，把他的军队减到仅够建立一支警察部队的力量，把它的海军减到五等国家的地位，这一切终究毫无意义，如果德国认为 1919 年的和约不公平，那么它将会找到对战胜国进行报复的手段。[①]"

不过，第一次世界大战后的德国曾有过与大国和平相处，通过和平手段逐步修改凡尔赛和约的机会。从道威斯计划到杨格计划，到洛迦诺会议，德国通过与大国协商来修改凡尔赛条约，特别是在洛迦诺会议上，德国从协约国方面取得较大的让步。洛迦诺公约签署后，德国成为大国俱乐部中平等的一员，在人们的意识里，德国的挑战者角色逐渐淡去，已成为国际社会的一名合作者。

在魏玛共和国时期，其外交政策在以下几个方面取得了进展。

第一，逐步减少赔款。无论是道威斯计划还是杨格计划都逐渐减少赔款。最后至 1932 年的洛桑会议上，协约国同意德国只需交纳 30 亿马克，就完全取消赔款，但就是这一笔钱，德国最后也没有支付。

第二，德国从战败国成为一个正常的国家。德国的生存得到了保障，不再遭受鲁尔危机那样的困境。德国的大国地位得到一定程度的恢复，德国加入国联，并成为常任理事国。

第三，1929 年 8 月，德国与西方各国达成协议，西方各国立即从莱茵兰撤军。

---

① 颜声毅等编：《现代国际关系史》，知识出版社 1984 年版，第 65 页。

从某种意义上讲，德国在第一次世界大战后的处境并没有想象的那么艰难。就国际关系方面而言，德国的处境优于"一次大战"前。

首先，法德和解有了可能。法国夺回了阿尔萨斯和洛林，由于法国在第一次世界大战中遭受到的惨重损失，法国人心思和，这使法德的和解有了一个良好的时机。特别是在鲁尔危机后，法国对德的强硬政策证明是不明智的，与德和解成为必然的选择。

其次，第一次世界大战前，德国的周边都是强邻，西边是法国，南边是奥匈帝国，东边是俄罗斯帝国。第一次世界大战后，随着奥匈帝国的瓦解和俄国的战败，德国的东面都是中小国家。如果德国凭借经济实力和政治威望终于支配欧洲诸小国，这不应该反对，而应受到欢迎。在英国看来，重要的事情不是去阻止德国的复兴，而是去确保德国复兴将采取和平的形式。

最后，英国在第一次世界大战后，对凡尔赛和约有一定程度的歉疚，认为对德过于苛刻。英国从均势的角度出发，也同意对凡尔赛和约作相应的修正，当然这种修正要以和平的方式进行。

但是，这种合作政策是德国的长期政策还是临时性政策呢？德国真的从此以后用和平的方式复兴，而不再对欧洲构成威胁吗？

从当时德国人的反应看，似乎这种合作政策是长期的且和平的。德国人尽管反对凡尔赛和约，但支持斯特莱斯曼的外交政策，即用和平的方式让这个条约化为乌有，德国的极端民族主义者曾组织反对杨格计划，但在公民投票中遭到惨败。

1929 年的危机打断了这一进程。危机使魏玛共和国处于风雨飘摇之中，布吕宁政府紧缩开支的政策进一步加剧了危机。但是，德国并不是命中注定该由纳粹来掌权。共和国给了所有党派一个相对公平的机会，每一个党派都可以通过竞选成为议会中的第一大党。而当时德国的社会民主党、共产党都未能抓住这一机会，最后纳粹上台。

"希特勒在 1933 年上台后，可以有四种政策选择，但他否决了其中的三种，他可以采取消极的立场，接受德国的国际地位被削弱的现实；

他可以通过发展经济来增强德国的实力（就如同第二次世界大战后的日本一样），以工业发展来扩大德国的国际影响；他可以把自己的目标限定在修改《凡尔赛条约》上，收回德国在 1918 年丧失的部分权益。到 20 世纪 30 年代的时候，西方民主国家已经认识到，把第一次世界大战的所有责任都推到德国的头上确实有失公允。但是，希特勒拒绝采取以上三种对策，而是选择了扩张战略，挣脱他认为的德国所受的遏制。在他看来，德国被夹在欧洲的中心，不应该永远处于被包围的境地，它必须获取土地。德国可以向东扩张生存空间，增强自己的地位，然后争取在世界上发挥更大的作用①"。

结　语

在人类历史上，总是有新兴大国的崛起和老牌大国的相对衰落。一百年后的今天，看德国崛起后所遇到的问题，我们是不是可以得出这样几点思考：

第一，国际社会如何容纳一个身体健壮并且还在不断长个的伙伴。第一次世界大战的爆发，英德两败俱伤，说明英国主导下的均势未能解决这一问题。英国纯粹从利益出发，纯粹从均势的角度看问题，对第一次世界大战前局势的复杂是要负责任的。从这个角度讲，也许德国是有罪的，但英国也并不清白。因此，人类要在制度层面做出创新，以避免世界一而再，再而三地陷入灾难。

第二，新兴大国如何融入国际社会。学术界将第一次世界大战前后的德国称之为"问题儿童"，政界将德国称之为"暴发户"，从这些称号来看，德国的融入无疑是失败的。我个人认为，从德国的教训来看，新兴大国要融入国际社会，一是要有耐心，以低调的姿态逐渐让国际社会接受。二是要以建设性的态度融入，新兴大国能提出让对方不得不接

---

① ［美］小约瑟夫·奈：《理解全球冲突与合作：理论与历史》，张小明译，上海世纪出版集团 2012 年版，第 144 页。

受的想法。这方面，第一次世界大战后的美国就是非常成功的例子。三是提出的要求是对方能考虑做出退让的。四是要做引导者，不要去争做霸主。

　　第三，当新兴大国与原有大国发生矛盾时，双方都要学会妥协。国与国相处，不能一味硬碰硬，只能在一定的原则下相互做出让步，不仅政府如此，民众也要学会理性而不狂热，宽容而不狭隘。

第六章

"胜利者的困境"

——法国的安全问题

英国著名学者 E. H. 卡尔指出，在 1919 年以后的年代里，欧洲事务中的最重要的和最持久的一个问题就是法国对安全的追求①。

第一次世界大战后，法国要从根本上获得安全，需要解决三个问题，一是法德实现和解，二是建立包括大国在内的完整的同盟体系，三是可依靠的国际联盟的安全制度。

第一节　"一战"后法德难以和解

第一次世界大战后，法国考虑与德国关系时，首先想到的是如何永久地让德国受到削弱，不再对法国构成威胁。

普法战争后，法国一直想复仇。在法国看来，色当惨败是有偶然性的，那不是法国真实力量的表现。自那以后，法国励精图治，希望有朝一日报色当之仇。

然而，第一次世界大战表明，法国与德国的实力差距太大。法国联合了俄国、英国和意大利也只能与德国打个平手。随着俄国发生革命，英法

①　［英］E. H. 卡尔：《两次世界大战之间的国际关系 1919—1939》，徐蓝译，商务印书馆 2010 年版，第 19 页。

在西线反处劣势，幸好美国的介入才彻底改变战局。因此，尽管法国是战胜国，但战后的法国面对邻居是没有多少自信的。德国的人口和人口出生率都超过法国，1880年时法国人口为欧洲的15.7%，1900年时已降为9.7%。到1920年，法国有4100万人，德国却有6500万。就如戴高乐指出的那样，每一个年龄在20岁至30岁之间的法国人，就得面对两个同样年龄的德国人[1]。德国的工业特别是重工业的实力是法国所无法比拟的。

法国好不容易打败了它的世仇德国，但因为这是一次险胜，法国在战争结束后仍忧心忡忡，生怕德国东山再起，对法国伺机报复。

法国从安全角度考虑，希望能肢解德国。英国从均势着眼，担心过于削弱德国会使法国势力膨胀而有损英国利益，它和美国一起反对法国的要求。英美为了让法国放弃其部分要求，满足它的安全需要，作为交换条件，法国与英国和美国分别签订条约，其中规定"一旦德国对法国采取任何未经挑衅的侵略行为时"，英、美同意立即对法国实行援助，这两个条约与凡尔赛和约同时生效[2]。但美国参议院拒绝批准凡尔赛和约，以致连带保证条约未能生效。

法国希望从德国获得巨额赔款。从常识来讲，法国向德国索要赔款是名正言顺的。历史上，欧洲的战争在结束后基本上是这样处理的。普法战争后，德国也向法国索要50亿法郎的赔款，法国如约交纳。在第一次世界大战中，法国的东北部惨遭蹂躏，百万年轻人死于战场，法国向德国索要赔偿并无过分之处。法国的过错在于希望永远让德国赔款，使德国经济无法复兴，再也不能对法国构成威胁。

德国也并非没有能力支付赔款。关键在于德国并不认可凡尔赛和约，并不认为战争单单是德国挑起的，自然也就不愿意将赔款看作是德国必须要履行的义务。1922年6月28日，主张履行赔款义务的维尔特政府的

---

① ［美］威廉·L. 夏伊勒：《第三共和国的崩溃——1940年法国沦陷之研究》，戴大洪译，作家出版社2015年版，第161页。

② ［英］E. H. 卡尔：《两次世界大战之间的国际关系1919—1939》，徐蓝译，商务印书馆2010年版，第20页。

外交部部长拉特瑙遭暗杀。同年 11 月，维尔特政府下台。

当德国不愿履行赔偿义务时，法国单独与比利时一起采取军事行动，占领了德国的工业心脏——鲁尔区。

在凡尔赛会议后的相当一段时间内，法国的考虑是非常现实的，法国希望用现实的方法来修正理想主义的集体安全所留下的缺陷。最后走到直接使用武力的地步，可以说法国对德外交强硬到极点。但在当时的国际形势下，法国不能单独行动。无论如何，在 20 世纪 20 年代，说德国对法国有威胁，是没有多少人会相信的。

面对德国的消极抵抗，法国感到自己无能为力，英美等国对法国的行动也表示反对。在这样的情况下，法国意识到，采取强硬政策并不能为自己获得安全的地位。这促使法国的对德政策从强硬转为与德和平共处。这是战后法国外交政策的一大转向，法国重新考虑如何构筑自己的安全体系。

鲁尔危机使法国认识到对德强硬不是办法，而德国在鲁尔危机后也认识到，对抗也不是为德国赢得大国地位的明智手段。

法德的和解体现在洛迦诺会议上。为了体现平等地对待德国，洛迦诺会议采用了圆桌会议的方式，使德国作为平等的一员，而不再是战败国的身份。条约的达成也是通过谈判的方式，而不似巴黎和会，战胜国把条约放在德国代表面前，让德国代表要么签字要么继续战争，没有任何商讨的余地。

对《洛迦诺公约》，学术界有不同的看法。

复旦大学颜声毅教授认为，从法律方面来说，没有理由只保证德国西部疆界，而不能保证德国东部边界。《洛迦诺公约》实际上宣告了凡尔赛和约破产，对德国已不再具有任何强制性的约束力。因为事实证明，除非接受德国的条件，条约就无法履行。德国恢复了欧洲的大国地位，而法国受到削弱①。

---

① 颜声毅等编：《现代国际关系史》，知识出版社 1984 年版，第 153—154 页。

著名国际关系理论家卡尔认为，归根到底，《洛迦诺公约》对凡尔赛和约与国联盟约是有破坏作用的。它鼓励了两种观点：第一，除非得到具有自愿性质的其他条约的保证，凡尔赛和约缺乏约束力；第二，不能指望各国政府为保卫那些不直接与它们自己的利益有关的边界采取军事行动①。

著名国际关系史学者泰勒的看法稍有不同，他认为，《洛迦诺公约》的签署"是两次世界大战之间年代的转折点。它的签署结束了第一次世界大战；11年后它的弃毁则标志了第二次世界大战的序幕。……洛迦诺给了欧洲一段和平和希望的时期。德国被接纳进国际联盟……施特莱斯曼、张伯伦和白里安都按期参加国联理事会。日内瓦看来成了复兴了的欧洲的中心，国际音乐会终于真的合调合拍起来，国际事务由协商讨论来调整取代了刺耳的枪炮声②"。

中国人民大学时殷弘教授认为，英国的动机则是使德国本着对法安全感而乐意地接受战后领土安排的西半部分，从而促成法德和解，并在此基础上将德国纳入西方大国俱乐部。从英国的观点看，经道威斯计划开始了经济包容框架内的德国经济复兴之后，在国际政治领域作相应的变动变得至关重要了。不过，要使法国能对德国的复兴较为放心，英国就不能再规避建立英法军事同盟，然而它又不愿因此与法国在东欧的同盟体系缠在一起，以致为了在它看来既不合理也不重要的东欧领土现状冒任何风险。承诺一个只保障法德及法比边界的"有限同盟"——这就是英国外交大臣奥斯丁·张伯伦的解决办法。结果，德国仅被要求不以武力改变其东部边界，却未受到阻碍它敦促这一改变的任何约束，凡尔赛体系的东半部分悄然丧失了合法性③。

我认为，关键不在于《洛迦诺公约》本身，重要的是和解需要有一

---

① ［英］E. H. 卡尔：《两次世界大战之间的国际关系1919—1939》，徐蓝译，商务印书馆2010年版，第77页。

② ［英］A. J. P泰勒：《第二次世界大战的起源》，潘人杰等译，华东师范大学出版社1991年版，第52页。

③ 时殷弘：《旧欧洲的衰颓——论两战之间的英法外交与国际政治》，《复旦学报》（社会科学版）1999年第6期。

个共同的基础，那就是对和解有共识：法德双方都愿意缔结真正的和平。法国在获得阿尔萨斯和洛林后，愿意与德国和解，也愿意遵守签订的条约。鲁尔危机后，法国外长白里安认为，法德今后的实力相差太大，而且这样的趋势不可逆转，只有与德国和解，才能从根本上解决法国的安全问题。白里安的外交主张由于上一任对德强硬外交政策的失败，得到了法国民众的认可，赢得了很高的声望。

德国则不同，在德国眼里，和解不是目的，而是一种手段，通过和解，德国可以免遭鲁尔被占领那样的命运，德国会利用和解再次强大，全面修订凡尔赛和约。

正如华中师范大学刑来顺教授指出的那样，德国外长斯特莱斯曼外交的一个重要方面是耍手腕，斯特莱斯曼认为，复兴德国，必须采取机智的外交政策。具体说来，在与西方关系方面，继续利用战胜国内部分歧，在可承受范围内顺从西方的要求，获得美、英等国的支持，经济上复兴德国，增强自身的实力，在此基础上，通过和平的、持续的讨价还价，逐步恢复德国的主权和大国地位，最终修改凡尔赛和约，讲究策略上的迂回性。斯特莱斯曼在 1925 年 8 月 28 日以及 9 月 7 日给前普鲁士王储的信中，就德国的对外政策目标以及实现相关目标的策略做了非常明确的回答：所有目标无法以暴力方式实现，因为德国没有这样一把剑。德国只能通过"耍手腕"来实现相关目标。①

这样的手腕在希特勒上台之初也用过，纳粹德国为安抚波兰，与波兰签署了《德波友好条约》，但德国从未打算遵守。有些研究者认为，希特勒尽管只有高中毕业，但外交方面有天赋。我认为这不是天赋，只不过是希特勒利用了国际社会好不容易建立起来的一点信誉。这样的天赋损坏了国际社会的道义，如果这种损坏不受惩罚，可以肆意妄为，那么国际社会将面临灾难。

德国念念不忘的一个目标是改变欧洲秩序：德国重新成为欧洲的主

---

① 刑来顺：《魏玛共和国外交战略的转变与德国大国地位的恢复》，《华中师范大学学报》2010 年第 6 期。

要强国，修订凡尔赛和约，废除赔款、结束协约国对莱茵河左岸的军事占领、军备平等，修正德国东部边界等等。

在两者没有共识的时候，条约只是一纸空文。德国依然仇恨凡尔赛和约，仇恨法国，德国只是暂时妥协而已。

因此，"一战"后的法国和德国，缺少和解的基础，这不是当时两国之间能够解决的问题。

第二节 法国寻求的大国同盟体系无法建立

法国的同盟体系涉及两个方面，一是与中东欧国家的同盟，二是与英国等大国的同盟。

法国先后与波兰和捷克斯洛伐史、罗马尼亚、南斯拉夫（1921 年三国缔结主要针对匈牙利的同盟，史称小协约国）等国签署同盟条约，构筑起包围德国的同盟体系，以维护自己在欧洲大陆的强势地位。

1921 年 2 月 19 日，法国与波兰签订同盟条约。

鲁尔危机爆发后，法国得不到英、美的支持，转而把目光投向"小协约国"，希望将它拉入自己的安全保障体系。1923 年末，法国首先向"小协约国"中唯一与德国有共同边界的捷克斯洛伐克建议，用条约的方式将法国与"小协约国"的关系固定下来。1924 年 1 月 25 日，法、捷缔结《友好同盟条约》，旨在防范德国的霍亨索伦王朝复辟和德、奥合并。

1924 年 4 月，法国与罗马尼亚举行结盟谈判，罗马尼亚向法国提出要其保证罗马尼亚的边界，特别是要法国支持罗马尼亚反对苏联对比萨拉比亚的要求，但法国不愿接受，双方未达成协约。

1925 年，法、捷缔结《相互保证条约》，条约规定在遭到"无端攻击"时，双方将相互提供援助。1926 年，法国做出一定的让步，与罗马尼亚签署了友好与同盟条约，条约只规定，在缔约一方受到进攻的情况下，两国将在国联的框架内，就反对侵略者所应采取的措施进行协商。

1927 年 11 月，法、南签订同盟条约，规定一方遭到侵略时另一方将予以援助。这样，法国将"小协约国"正式纳入其在欧洲大陆的同盟体系。

但是，中东欧国家毕竟属于弱国，它们更多的是指望从法国那里得到帮助。对法国来说，最关键的是与英国的结盟。

英国的想法与法国完全不同。英国著名经济学家凯恩斯在 1932 年这样写道："对于一个在停战后半年中大部分时间是在巴黎度过的人而言，如果他偶然去一趟伦敦，将会有一种奇特的体验。英国仍然置身于欧洲之外，欧洲那种无言的恐怖与战栗并没有流传到英国。欧洲与英国是相分离的[①]"。

英国在第一次世界大战中尽管受到一定程度的削弱，但是，英国拥有全世界最强大的海军，虽然英国欠美国不少战债，但英国是其欧洲盟国的债权人，英国拥有最庞大的殖民地并继续支配着殖民帝国的巨大财富，而且在击败德国后，英国获取了德国在非洲的全部殖民地。

环顾欧洲，最大的对手德国已经战败，英国最担心的德国舰队已不复存在，即使是德国的陆军，根据凡尔赛和约它也已削减至 10 万人。德国要再成为对手，路还非常漫长。英国的"十年无大战"原则就是这样出台的。

能够对英国全球地位构成挑战的只有美国，而美国已经退回到孤立主义，另外，与美国发生战争虽是可以想象的却又是不可能的。在局部地区对英国构成挑战的是远东的日本和欧洲的法国。如果欧洲局势稳定，那日本就不值一提。至于法国，它也不可能威胁英国的地位，我们无法想象第一次世界大战后法国会去挑战英国的地位。

英国也无视俄国的缺席对欧洲力量平衡的影响。近代史上，在英国的均势外交中，俄国一直是一个非常重要的因素，拿破仑战争中，俄国一次次成为英国的重要盟国，并成为击败拿破仑帝国最重要的力量；第一次世界大战中，也是俄国让德国陷于两线作战。而俄国的革命，一时

---

① ［英］约翰·梅纳德·凯恩斯：《劝说集》，李井奎译，中国人民大学出版社 2016 年版，第 8 页。

使力量平衡，造就了非常有利于德国的形势，直至美国的正式参战，整个战局才得以挽救。但是，在巴黎和会后，英国无视俄国的缺席对欧洲局势的影响。

英国学者泰勒认为，就如过去在一次大的战争之后所经常发生的那样，英国的思想感情又退回到孤立主义。英国认为，为了回复到尽可能少对欧洲大陆承担军事和政治义务的传统态势，当务之急是恢复已被大战严重削弱的经济实力，多多用心于"一战"后尤为犯难的帝国事务①。

英国对战后局势的判断影响了它对战后欧洲问题的处理。英国在战后始终不关注法国的安全问题。按照法国的观点，确保安全的最佳办法在于彻底削弱德国，即通过领土肢解和经济榨取来根本铲除德国威胁的可能性。如果做不到这一点，法国便将退一步，谋求主要战胜国之间订立战后对德军事同盟。对此，英国均未让法国得到满足。

英国不反对德国的复兴，"重要的事情不是去阻止德国的复兴，而是去确保德国复兴将采取和平的形式。应该采取预防措施去消弭德国的冤怨，而不是去对付德国的侵略②"。

英国对法国在赔款问题上的态度也极为不满。英国最初也准备向德国索取巨额赔款，但英国的想法很快就发生了变化。英国希望德国的经济能尽快恢复，以有利于英国产品的出口。因此，英国对法国的巨额索赔要求持反对态度。

英法为赔款问题进行了无数次的协商。1922 年 7 月，当德国政府提出延期偿付赔款的要求时，法国坚决拒绝。英国则希望能消减德国的赔款数额，这使法国对英国很有意见。1922 年 8 月，英国提议同时取消赔款与战债，法国认为它获得的赔款多于战债，因此，对英国的提议并不支持。1923 年 1 月，英国提议确定德国赔款的总数，规定赔款总数为 500 亿马克，这与法国的设想相去甚远，法国坚决反对英国的提议。

---

① ［英］A. J. P 泰勒：《第二次世界大战的起源》，潘人杰译，华东师范大学出版社 1991 年版，第 30 页。

② 同上书，第 21 页。

鲁尔危机后法国同意在赔款问题上做出让步，于是有了道威斯计划和杨格计划，但问题仍然没有解决。1929 年大危机爆发，使赔款问题不了了之。但赔款问题上的争执严重损害了英法关系。大危机爆发后，英德陷入危机，而法国暂时置身于危机之外，这使英国更加厌恶法国在赔款问题上的固执己见。正如泰勒所说，"在第一次世界大战之后年头里赔款问题上的争执使得英国人和法国人几乎不可能在第二次世界大战之前年头里就安全保障问题达成一致[①]"。

基辛格认为，英国的政策根据错误的想法而来，这一想法认为法国已经太强，根本不需要与英国结盟。英国领导人认为已失去斗志的法国有可能成为欧洲第一强国，所以需要对其加以制衡，又视战后境遇不满欲翻案的德国为受委屈的一方，需对其加以安抚。这两个假设，即法国军力独大及德国未受到善待，就短期而言是正确的，但从长期看，以此作为英国政策的前提将带来祸害。政治家对大势所趋的看法可成就他们的事业，也可使他们一败涂地。第一次世界大战后的英国领袖们未能明察摆在他们眼前的长期威胁。[②]

英国不愿与法国结盟的最重要原因，或许是英国领导人觉得凡尔赛和约不公平，尤其是有关东欧的安排，他们担心一旦与法国结盟，法国与东欧各国又有盟约，这可能使英国卷入不该插手的冲突，维护不该维护的国家。劳合·乔治表达出当时一般人的看法："英国人民将不愿涉入因波兰或上西里西亚的但泽而起的争执。英国人民觉得欧洲那个部分的人口性情不稳，又易于受挑拨，他们随时随地都可能动手，而争执中的谁是谁非可能极难以解决。[③]"

英国以世界霸主自居，不愿以与法国结盟的方式来保证法国的安全，英国更愿意以仲裁者的地位来处理德法关系。"英国是骑手，而法国是英

---

① [英] A. J. P 泰勒：《第二次世界大战的起源》，潘人杰等译，华东师范大学出版社 1991 年版，第 43 页。

② [美] 亨利·基辛格：《大外交》，顾淑馨等译，人民出版社 2010 年版，第 246 页。

③ 同上书，第 247—248 页。

国的坐骑①"。

在 20 世纪 20 年代，英国的忽视还有部分理由，一是法国确实拥有欧洲最强大的陆军，且在东欧还有其盟国一起构成的防御体系，而德国则相对弱小。二是国际局势相对平静，远东的日本推行协调外交，愿意与英美合作。到 20 世纪 30 年代，国际局势日趋紧张，英国仍拒绝法国结盟的要求，就有点不可思议了。

法国在依然没有安全感的情况下，想到了美国。1927 年 4 月 6 日，在美国参加第一次世界大战 10 周年之际，法国外长白里安特意发表了一封致美国人民的公开信，歌颂法美友谊，建议两国缔结一项永不相互交战的条约。6 月，白里安致信美国国务卿凯洛格，正式提出了缔结法美双边友好条约草案的倡议。他建议两国庄严宣布谴责并摒弃战争，和平解决彼此的一切争端。

在凯洛格看来，这样的条约不仅对美国没有任何实际价值，还会使美国卷入法国在欧洲的纠纷。但对于这样一份美好的呼吁，美国如果拒绝，也实在找不到理由。于是凯洛格回信称，友好相处应该不局限于法美之间，世界各国都应该加入到这一条约中。美国的回复让白里安深感失望。

随着纳粹的上台，法国的不安更加严重。

法国总的政策态势是顺从英国。例外的是在巴尔都任外长时期，法国想到了苏联。

1934 年 2 月，杜美格政府的外交部部长巴尔都试图组建一个区域性的集团，也就是准备订立一个被称之为"东欧（或东方）洛迦诺公约"的国际协议，来建立法国设想中的安全体系。这个设想最初由法国前外长保罗－邦库尔提出，主要包括：法苏互助公约，欧洲互助公约和洛迦诺式的区域性保证公约。

1934 年，巴尔都为争取法苏合作做了大量的工作，同苏联外交人民

---

① ［英］约翰·惠勒－贝内特：《慕尼黑——悲剧的序幕》，林出武等译，北京出版社 1978 年版，第 257 页。

委员李维诺夫多次就缔结东方公约和法苏互助条约进行商讨。

巴尔都希望加强法英合作，要英国为法国的利益出力，他记住了塔列朗的话：英法联盟就像马和骑士的联盟一样必要，而且，巴尔都要让法国当骑士①。

巴尔都推行的是大联盟外交，按照法国的计划，公约不仅要囊括小协约国和波罗的海各小国，而且还要包括英、苏、意、德这些大国，意在防止德国对外侵略扩张。然而，由于德国极不愿意受到约束，而波兰和苏联之间由于领土问题又互不信任，再加上其他种种原因，随着巴尔都被暗杀，这个"东方洛迦诺"的计划终未成功。此后，法国完全放弃了独立的对外政策，把自身的安全完全交给了英国。

第三节　英法分歧与国际联盟

威尔逊设计的集体安全体系没有使法国获得安全感。当时的国联存在着明显的缺点。

根据威尔逊的规划，"国际联盟将负有执行和平及纠正不公的双重使命。然而有一个顾虑却使他寝食难安。在欧洲历史上绝找不出任何一个，靠诉诸正义或纯靠法律程序便使国界改变的例子，几乎无一例外的是借国家利益的名义，才使国界得以改变或保全。但威尔逊也心知肚明，美国人民丝毫没有以军事承诺保证实现凡尔赛条约的意念②"。

基辛格认为："集体安全也败在其基本前提的弱点上，即所有国家在对抗每一次侵略上均有共同利益，也愿意冒同样的风险。经验证明这些基本假设是站不住脚的③"。

法国人的考虑确实是现实的，以道德和法律为根基的集体安全并不

---

① 王斯德、钱洪主编：《第二次世界大战起源研究论集》，华东师范大学出版社1986年版，第218页。

② ［美］亨利·基辛格：《大外交》，顾淑馨等译，人民出版社2010年版，第229页。

③ 同上书，第244页。

能提供足够的安全。

传统上，欧洲习惯于将战败的国家纳入新的体系之中，让战败国成为均势体系中的一部分，以谋求长期的和平，如维也纳会议时对法国的处理——法国加入维也纳会议的谈判并成为维也纳体系中的一员。

第一次世界大战后，德国并未融入新的国际秩序，凡尔赛和约是强加于德国，而不是经过谈判。正如法国总理克里蒙梭所说，德国对这一和约只能要么完全接受，要么完全拒绝。对于和约，德国方面表示，和约的内容过于苛刻，同德国据以放下武器的条件不相符合，并且一旦付诸实行，会造成德国的破产和毁灭，将使有权索取赔偿的国家，丧失它们所指望得到的利益，将使欧洲整个经济生活陷入不可想象的混乱①。

在这种情况下，如果德国对这个国际秩序说不，那么，国际联盟用什么来维护它的权威？

颜声毅教授认为，这个新的国际秩序除了存在上述问题外，为了提供惩罚和榨取的理由并利于长久压制德国，凡尔赛和约还明确地将战争责任全部归诸德国一边。这个至少颇具争议的胜者判决必然使大多数德国人将凡尔赛体系视为头等的国际不正义体系，因而对他们来说，更改这一强权秩序就成了正义追求，可争论的顶多只是方法和代价问题。德方代表布罗克道夫—兰佐当时就极为不满地向协约国方面表示：有人要求我们承认德国是战争的唯一祸首，如果我本人这样承认，那就是撒谎②。

英国也不愿在国联框架内与法国合作共同对付德国。

1924年9月，国联召开第五届大会，提出了集体保障公约草案，通过了《日内瓦议定书》，即《和平解决国际争端议定书》，规定议定书的参加国彼此不进行战争，保证维护《凡尔赛条约》规定的领土安排，其中包括维护法国的东欧盟国边界的现状。法国方面对此很满意，急忙在议定书上签了字。法国的大部分盟国以及东欧小国也热情地予以批准。但是，英国、英国的自治领以及斯堪的纳维亚国家和荷兰断然拒绝这份

① 颜声毅等编：《现代国际关系史》，知识出版社1984年版，第59页。

② 同上。

议定书。"对这些国家来说，它们更关心的是避免增加它们的义务，而不是增强它们的安全。①"英国不愿意在国联盟约下承担过多的义务，1925年3月，英国正式向国联行政院宣布不接受该议定书。

学术界一般认为，国联在第一次世界大战后的失败，主要原因是美国没有批准凡尔赛和约，其言下之意是，如果美国参加了国联，那形势就不一样了。但也有学者对此有不同的看法。

泰勒认为，美国退出欧洲并非关键。

"这固然是对新秩序一个打击，但却也不像后来说的那样是一个致命的打击。美国同欧洲的关系更多地取决于地理而不是政策。无论条约作何安排，美国总是远离欧洲在大西洋彼岸。即使参议院批准了凡尔赛条约，美国部队还是要从欧洲撤出的。……而且，由于英、美两国的军力缩减到和平时期水平，在局势危急时也将没有部队可供派送。……英美保证，即使得到实施，充其量不过是允诺法国，如果法国被德国人占领了就去把她解放出来。美国由于受到地理距离和政治视野两方面的限制，不会归属于某个欧洲安全保障体系；对美国可以抱有的最大期望是，如果这个安全体系失败了，她将做出姗姗来迟的干预②"。

"要是欧洲诸大强国是同心协力的话，美国的政策就不会显得如此至关紧要。不管后来对他们的评价如何贬降，法国、意大利和大不列颠还是一个令人生畏的联盟。……要是大不列颠和法国的看法完全一致的话，意大利的溜号也不会有多大关系。战时联盟最终和决定性的崩溃就在这里③"。

南京大学历史系惠一鸣博士认为，"我们可以按照当年的逻辑假设一个理想的国联形态。即，美国并没有拒绝凡尔赛条约，凡尔赛体系因而是完整的（这是完全可能的），那么情况又会怎样呢？我们会发现，即使

① ［英］E. H. 卡尔：《两次世界大战之间的国际关系 1919—1939》，徐蓝译，商务印书馆2010年版，第71页。

② ［英］A. J. P 泰勒：《第二次世界大战的起源》，潘人杰等译，华东师范大学出版社1991年版，第27页。

③ 同上书，第28页。

是在这样的状态下，最终的结局并不会有原则性的改变。因为，第一，美国是否留在国联，改变不了德国对凡尔赛体系的态度，也改变不了德国民间的复仇情绪。实际上，德国的复仇情绪中包含着强烈的称霸意识，而这是欧洲竞争格局的合理结果；第二，美国留在国联里，改变不了欧洲的地缘政治结构，德国依然是欧洲第一大国，德意志民族也依然是欧洲的第一大民族；第三，欧洲对美国的经济依赖性和1929年的经济危机，与美国是否在国联无关。因而，纳粹党借助危机在德国执政的历史事实，也不会因美国人留在国联里而有任何改变。这就是说，美国留在国联，并不能改变欧洲再次走向战争的发展逻辑[①]"。

关键是英国和法国能否团结一致使国联发挥应有的作用，可惜的是，英法对国联的理解是不同的。

对于国联的性质，英法之间存在深刻的根本分歧。"法国人想把国联发展成一种直接针对德国的安全保障体系；英国人则把它看作是一种将把德国包容在内的调解体系。法国人以为最近的那场战争是由德国侵略引起的；英国人则越来越认为它是由于错误而发生的[②]"。

英国对国联的态度有点矛盾。一方面，"英国政治精英心目中最稳定的体制仍然是传统的外交形式。大部分政治家都从非常现实的角度讨论国际联盟的问题，认为它会面临严重的困难，也不会发挥多大的作用。他们希望从更现实的角度考虑英国本身的利益，并且用旧式的、已经被证明是有效地方式来实现它，而不是把战后的一切国际事务都置于新生国际联盟的基础上。英国政治精英出于英国的政治传统，对国联的态度大体上是悲观的和不信任的[③]"。

另一方面，英国社会受到了威尔逊的影响，先是上层，"英国官方对

<hr />

① 惠一鸣：《论欧洲秩序体系及其轴心》，博士学位论文，南京大学，2011年，第147—148页。

② ［英］A. J. P 泰勒：《第二次世界大战的起源》，潘人杰等译，华东师范大学出版社1991年版，第35页。

③ 刘畅：《英国的欧陆外交政策（1926—1929）——以其与国际联盟的互动为例》，硕士学位论文，兰州大学，2011年，第14页。

国联盟约发表的评论中说：'最终极最有效的制裁必为整个文明世界的舆论。'……后来威尔逊的原则又赢得英国民众的支持。到 1920 年、1930年，英国为集体安全辩护已不再是战术的运用。威尔逊主义已真正获得英国人民的信服①"。

英国这样做的一个重要原因是它对处置德国抱有一种导致混乱的内疚情结。凡尔赛和约将战争责任全部归诸德国，但事后尤其在英国，这种严厉惩罚和拼命榨取战败国的根本依据很快遭到怀疑。"强行贯彻条约中对德惩罚措施的意愿开始动摇。媾和者们受自己的良心冲击，疑惑自己造就的局面是否公正，这就促使他们缺乏维护条约的决心②"。

基辛格对此评论道，"英国向来主张，胜利后要重建国际秩序就必须让先前的敌人重返国际社会，这一点十分正确。但只要均势不断地向德国这一边倾斜，安抚德国的不满情绪无助于恢复稳定。维持欧洲均势的最后一线生机有待于英法之间能否团结，但这两国却无法理解彼此的想法……英国太高估法国的实力，法国则太高估可利用凡尔赛和约弥补对德日益恶化的劣势③"。

上述学者侧重于从均势的角度评判战后的国际联盟，这些评判不无道理，当时的国联确实虚弱。对国联的作用，英国塞尔西勋爵这样告诉下院："总的来说，我们不想依赖任何超国家机构，也不想凭借武力来实施国联行政院或大会的决定。在现在的条件下，这样做是不切实际的。我们依赖的是舆论……如果我们这样做是错误的，那么，整个国联的构想也就是错误了④"。

总而言之，英法的分歧很难使国际联盟在安全问题上对法国有所帮助。

---

① ［美］亨利·基辛格：《大外交》，顾淑馨等译，人民出版社 2010 年版，第 244 页。

② 时殷弘：《旧欧洲的衰颓——论两战之间的英法外交与国际政治》，《复旦学报》（社会科学版）1999 年第 6 期。

③ ［美］亨利·基辛格：《大外交》，顾淑馨等译，人民出版社 2010 年版，第 247 页。

④ ［英］爱德华·卡尔：《20 年危机（1919—1939）——国际关系研究导论》，秦亚青译，世界知识出版社 2005 年版，第 34 页。

结　语

20 世纪二三十年代，是国际社会从无序到相对有序的一个过渡时代，美国试图为战后世界确立秩序，但又不愿使用自己的力量，美国还没有准备好扮演这样的角色。英国则在理想主义和现实主义之间犹疑，既希望法、德能实现和解，又希望利用法、德维持欧洲的均势，从而使自己置身于欧洲事务之外，多多关注自己的帝国。而俄国则因为革命和内战而不再是一个欧洲强国，人们不知道它何时能恢复其力量。

在这样的背景下，面对强邻或者总是要崛起的强邻，法国的安全成为问题。第一次世界大战前，法国有一个完整的大国同盟体系作为支撑，而第一次世界大战后，作为胜利者的法国却失去了这一强大的屏障，它的盟友只是一些中东欧的小国，很难指望它们向法国提供什么援助。相反，战败的德国尽管处境艰难，却得到了太多的同情，美国希望德国重新振兴，成为美国商品的重要市场；英国希望德国复兴，从而使欧洲能保持平衡。而且，从长远看，正如泰勒说得那样，"欧洲的星座发生了深刻的变化，而且是有利于德国的变化。在她的东方边界，从前曾是一个大强国的地方，现在乃是一片由小国构成的'无主'土地①"。

后人指责法国外交的软弱，但忘记了法国战后对德外交曾经非常强硬，强硬到直接使用武力的地步；后人指责法国缺乏远见，但法国外长白里安已经清楚地看到了法德和解的重要性，并已经身体力行；后人指责法国轻视国联，但法国非常希望国联能在其安全体系中发挥作用。

法国指望德国在经济复兴，政治上重新成为大国后，能遵守第一次世界大战后确立的国际秩序，并成为维护现存国际秩序的重要一员。但这样期望便意味着法国把安全交给了对方。

法国指望英美施以援手，但正如泰勒指出的那样，英美总是要从欧

---

① ［英］A. J. P 泰勒：《第二次世界大战的起源》，潘人杰等译，华东师范大学出版社 1991 年版，第 16 页。

洲撤军的，即使英美承诺援助法国，也不过是答应倘如德国占领法国，英美将把它从德国的占领下解放出来。

　　法国确实有诸多的无奈，而两次世界大战之间法国政治家的举措失当又加剧了这份无奈。

第七章

债务问题与大国关系

两次世界大战之间的国际关系，除了法国的安全问题外，另一个引人注目的是大国之间的债务问题。欧美之间的战债问题表明，一方面战债问题的存在使美国并没有完全退回到第一次世界大战前的孤立主义，欧美经济上的联系越来越紧密，欧洲已离不开美国。另一方面，美国在战债问题上的强硬态度也使美欧关系蒙上阴影。苏俄选择废除一切债务，则使自己在经济上特别是在国际金融市场上与欧美暂时脱离。

第一节 "一战"后的债务问题

英国著名学者卡尔指出：在第一次世界大战中，英国借给它的包括俄国在内的欧洲盟国大量款项，也从美国借了这些总数一半以上的款项，一些协约国家也从美国直接获得了贷款。这个借款的复杂性很快就要变成一种如同赔款的负担那样庞大而不易控制和难于处理的问题。就协约国之间的战争债务而言，美国是唯一的债权人，而大陆协约国只是债务人，英国则居于中间地位，它既是债务国，也是债权国①。（法国是俄国的债权人）

① ［英］E. H. 卡尔：《两次世界大战之间的国际关系 1919—1939》，徐蓝译，商务印书馆 2010 年版，第 68—69 页。

美国是欧洲最大的债权国，而欧洲国家欠美国的战债有多少，因统计的年份和资料来源不同，数字有所出入。

陈从阳教授认为，第一次世界大战期间和大战结束后的最初几个月，美国曾以军火、食品等物质向欧洲协约国及根据凡尔赛和约所建立的民族国家提供贷款，欧洲各国欠美战债总额高达103亿美元。其中英国欠美战债46.6亿美元，法国欠39.9亿美元，俄、意及其他欧洲国家共计欠32.1亿美元①。

胡毓源教授认为战时战后加在一起，欧洲各国欠美战债总额高达103亿多美元，其中英国欠的最多，约43亿美元；法国次之，近34亿美元；意大利16亿多美元，居第三②。

王德春教授认为，欧洲各国政府在大战期间和战后初期，从美国贷款103亿美元。美国战债的投放分布是，英国46亿，法国40亿，意大利15亿，俄国2亿，合计103亿美元③。但这个说法肯定存有问题，因为战时从美国贷款的欧洲国家不仅仅是英、法、意、俄四国。

华中师范大学硕士研究生王召东认为，美国是最大的净债权国，拥有近104亿美元的债权。英国则是欧洲最大债权国，在欧洲拥有各国家的大约111亿美元的债务（相当于22亿英镑），其中25亿美元是俄国的债务。同时英国又是美国最大的债务国，欠下美国约46亿美元（相当于9.6亿英镑）。法国是最大净债务国，分别从美国借贷了39亿美元，英国30亿美元和其他10个国家34亿美元④。这里把法国列为最大净债务国是不包括俄国的借款的，另外，文中提到法国向美、英之外的10个国家借款34亿美元，但没有说明是哪10个国家。

---

①　参阅陈从阳《一战后的战债和赔偿问题与30年代经济大危机》，《咸宁师专学报》1997年第3期。

②　胡毓源：《一次大战后的战债问题与美国的对外关系》，《上海师范大学学报》1985年第4期。

③　王德春：《康边停战后的欧洲战债与赔款问题》，《唐都学刊》1990年第2期。

④　王召东：《一战后英美战债问题研究》，硕士学位论文，华中师范大学，2013年，第13页。

复旦大学博士康欣认为截至 1922 年 2 月，英国对美国的净债务本金达到 41.66 亿美元，净利息达到 2.61 亿美元，总计 44.27 亿美元。从战争开始，直至 1925 年 4 月 1 日，英国给盟国及其自治领的预付贷款约合 100 亿美元，俄国是其最大的债务国，其债务占全部贷款的三分之一，其次是法国占 30%，意大利约占 25%，剩余 10% 的贷款分别流入其他中小国家①。

英国学者罗伯特·赛尔福在《英国、美国在战债问题上的争论》一书中认为，截至 1922 年 2 月，欧洲各国欠美国的战债共计 108 亿 3 千 6 百万美元，美国的盟友欠战债 105 亿 1 千 2 百万美元。其中英国欠 44 亿 2 千 8 百万美元，法国欠 35 亿 5 千 6 百万美元，意大利欠 17 亿 9 千 3 百万美元②。

赛尔福的统计是笔者目前所看到的论文和书籍中较为可靠的数据。一是其数字来源于美国财政部，二是统计至何年何月都有清晰的说明。

与美国相反，第一次世界大战后，俄国是当时世界上最大的债务国。

俄国经济相对落后，非常需要西欧的资金，由于俄国一直拥有良好的信誉，俄国因此得以从西方源源不断地获得贷款，这一方面使其外债不断上涨，另一方面，俄国融入到了欧洲金融体系之中。西方各国在俄国还有大量的投资。

俄国的债务问题涉及三个方面，一是战前俄国的对外借款，二是战争爆发后的借款也就是通常所说的战债，三是战前欧美各国在俄国的投资，因十月革命爆发后苏维埃政府没收外国资产，从而成为欧美各国与苏俄争执的问题之一。

关于俄国对外借款的数额，人们的说法不一。

据俄国学者科罗莫夫估计，至 1914 年，俄罗斯总的外债为 84 亿 4 千 4 百 50 万卢布③。

---

① 康欣：《国家债权与霸权转移——美国对英国的债权政治研究（1917—1945）》，博士学位论文，复旦大学，2014 年，第 75—76 页。

② Robert Self, *Britain, America and the War Debt Controversy*, London, 2006, p. 217.

③ John P. Sontag, "Tsarist Debts and Tsarist Foreign Policy", *Slavic Review*, Vol. 27, No. 4. Dec., 1968.

董小川教授认为，1914 年以前，俄国政府的内外债总数约 150 亿卢布，同期偿还了其中的不到 40%，到大战爆发时，内外债总数为 88 亿卢布，其中外债占 48%[①]。

张广翔教授认为，俄国在 1913 年的国债为 127 亿卢布，其中有 54 亿为外债，约占总数的 43%[②]。

从后来西方国家与苏维埃俄国政府交涉的情况看，科罗莫夫的估计更符合实际。

南京大学王绳祖教授认为，战前法国对俄贷款最多，高达 150 亿法郎[③]。日本学者富田俊基认为，1914 年法国对俄债权为 25 亿美元，德国为 5 亿美元。英国的对俄资本输出总额在 1865 年至 1914 年间累计为 6.8 亿美元（约合 1.4 亿英镑）。[④]

在第一次世界大战时，俄国军队缺少武器和弹药，许多士兵持木棍上战场，要等前面的士兵阵亡后，才能有武器，所以俄国不得不向其盟友英国和法国要求贷款。二月革命后，临时政府同样面临严重的财政危机，长期的战争耗尽了原本就不丰厚的俄国的家底，俄国极其需要欧美各国的贷款。

罗伯特·赛尔福教授认为，至 1918 年 11 月 11 日，俄国欠英国的战债为 24 亿 7 千 2 百万美元，欠法国的战债为 9 亿 5 千 5 百万美元。至 1922 年 2 月，欠美国的战债为 2 亿 1 千 8 百万美元[⑤]。

欧美各国在俄国的投资，据科罗莫夫掌握的材料，1904 年至 1913 年，外国在俄罗斯的投资为 32 亿 3 千 5 百 70 万卢布[⑥]。富田俊基教授认为，法国对俄国进行了巨额的直接投资，"一战"前沙俄铸铁生产的 60%、

---

①　参见董小川《俄国的外国资本问题》，《东北师大学报》（哲学社会科学版）1989 年第 3 期。

②　张广翔：《外国资本与俄国工业化》，《历史研究》1995 年第 6 期。

③　王绳祖主编：《国际关系史》第四卷，世界知识出版社 1995 年版，第 219 页。

④　参见 [日] 富田俊基《国债的历史——凝结在利率中的过去与未来》，彭曦等译，南京大学出版社 2011 年版，第 342—343 页。

⑤　Robert Self, *Britain, America and the War Debt Controversy*, London, 2006, pp. 216, 217.

⑥　John P. Sontag, "Tsarist Debts and Tsarist Foreign Policy", *Slavic Review*, Vol. 27, No. 4. Dec., 1968.

煤炭生产的 50% 系法国资本投资。[①] 王绳祖教授认为，"在外国投资中，德国较多，为 18 亿马克"[②]。根据美国学者托马斯·帕特森的资料，美国被布尔什维克所没收的财产价值为 3.36 亿美元[③]。

第二节　一再要求全部取消战债的英国

第一次世界大战结束后，战债的偿还问题便提上了议事日程。英国主要考虑两种方案。英国认为最理想的方案是把所有战胜国政府间的战债一笔勾销。在英国看来，向美国借债是为了获得战争的胜利，欧洲各国为战争胜利牺牲了许多人的生命，相应地，美国应该在经济方面做一些让步。如果这一方案不被美国接受，则退而求其次，欧洲各国将战债与赔款联系在一起，用德国的赔款去偿还美国的战债。

美国认为，战债属于商业性贷款，之所以各国能从美国获得战争贷款，是因为各国有良好的信用，战争结束了，美国这些贷款自然应该得到偿还，这些钱毕竟是来自美国纳税人的。

但英国的看法不同，英国认为战争贷款与和平时期的商业贷款完全是两回事。在第一次世界大战中，欧洲无数的年轻人死于战场，财产也遭受了巨大的损失。而美国在参战前已经在与各国的交易中获得了丰厚的回报，因此战债应予以取消。

英国的说法不是全无道理。在贸易方面，从 1913 年到 1916 年，美国同欧洲（主要是法、俄、英）的贸易额从 15 亿美元增加到 38 亿美元。美国还迅速填补了因欧洲输出减少而出现的世界市场的真空。1913 年，美国出口总额为 25 亿美元，3 年后激增到 55 亿美元。在制造业方面，从 1914 年到 1920 年，欧洲制造业生产下降了 23%，美国制造业生产却增长

---

①　[日] 富田俊基：《国债的历史——凝结在利率中的过去与未来》，彭曦等译，南京大学出版社 2011 年版，第 343 页。

②　王绳祖主编：《国际关系史》第四卷，世界知识出版社 1995 年版，第 219 页。

③　[美] 托马斯·帕特森：《美国外交政策》（下），李庆余译，中国社会科学出版社 1989 年版，第 448 页。

了 22%①。

英国曾在拿破仑战争后取消战债，因此英国主张美国效仿当年英国的举措，将战争债务一笔勾销。由于英国既是债务国又是债权国，英国姿态很高地表示，它只希望在债权与债务上达成平衡，收取的债务与偿还美国的债务相等。

在巴黎和会上，英国代表就向威尔逊总统表示，如果美国放弃英国的战争债务，英国也愿意放弃其他协约国对英国的战债。1920 年 2 月英国正式向美国政府提出把战债和赔偿统统取消的建议，"更全面的考虑，欧洲的财政危机会严重影响欧洲大陆的重建。不难预测这样的后果，由于美国不能向他们提供短期信贷，这些国家将破产并很可能陷入动乱，世界形势将十分严重。恕我直言，正是因为担心上述事情的出现，我们欢迎全面取消债务。这样做，道德上的影响将带来更大的实质性改变、新的希望和信心，这将激励整个世界。这些国际债务的存在阻碍了给予中立国帮助和提供私人信贷。我害怕这将对未来的国际关系带来不利的影响②"。

从现在来看，当时英国的提案是有先见之明的，但是，这样的想法在美国是不可能被接受的。凯恩斯在 1932 年就写道："我同许多美国人讨论过这类问题，他们多数表示个人赞成取消欧洲的债务，但是必须考虑到他们同胞中大多数人的看法却不是这样，所以，这项建议目前还不可能成为实际上的政策③"。

从 1923 年 5 月 1 日至 1926 年 5 月 3 日，美国与主要债务国进行了旷日持久的谈判。在美强大金融压力之下，欧洲国家最终不得不屈服，美国也相应作了一些让步，对各国的债务进行了相应的削减。

美国与各债务国进行的谈判则持续到 1930 年。各债务国承认的战争

---

① 王加丰、周旭东主编：《美国历史与文化》，浙江大学出版社 1995 年版，第 55 页。

② 王召东：《一战后英美战债问题研究》，硕士学位论文，华中师范大学，2013 年，第 23 页。

③ ［英］约翰·梅纳德·凯恩斯：《劝说集》，李井奎译，中国人民大学出版社 2016 年版，第 53 页。

债务总数是 115 亿美元，分 62 年还清，平均利率为 2.135%。将利息的自然增长率计算在内，欧洲欠美国的战争债务为 222 亿 5 千 9 百万美元[①]。这其中，英国同意分 62 年偿还 46 亿美元的欠债，加上利息，英国要偿还的战债总数为 111.06 亿美元（按照平均年息 3.306% 计算）。本息的偿付一年分两次，每年的 6 月和 12 月各一次。法国也同意分 62 年，一年分两次，向美国偿还欠债 68.477 亿美元（按照平均年息 1.64% 计算）。

对这项协定，凯恩斯认为英国的偿还额太高："这种解决方案的结果是，到 1933 年止，英国每年须支付给美国约 3500 万英镑，以后每年的支付额增至近 4000 万英镑，一直到 1984 年，债务关系才会解除。……根据此协议，我们须向美国按年付款，为期达 60 年，这项支付相当于我们海军费用的 2/3，几乎等于我们在教育上的国家支出，超过了我们战前的负债总额。……有了这笔巨款，我们可以在 60 年的每个月里建成一座富丽堂皇的新学校、新医院或研究所，等等。如果在同一时期作出同样的牺牲，就可以使目前居住条件非常恶劣的居民——占我们人口总数的一半——舒舒服服地住在新建的房子里，从而扫除贫民窟[②]"。

既然无法让美国取消战债，英法等国自然把战债和赔款联系起来，它们希望从德国获得的赔款来偿还欠美国的战债。

据统计：从 1924—1930 年，美国向德国提供的贷款约为 25 亿美元，德国偿付赔款为 20 亿美元，协约国各国偿付美国战债则为 26 亿多美元[③]。隐患就此产生，美国一旦经济出现问题，不再向德国提供贷款，那就会对德国经济产生巨大影响，而德国经济出现问题，无疑会在欧洲产生连锁反应。

1929 年 10 月下旬，美国爆发严重的经济危机，逐渐停止了对欧洲的贷款，欧洲的债务国受到双重打击，这其中，德国受到的影响最大。德

---

①　Robert Self, *Britain*, *America and the War Debt Controversy*, London, 2006, p. 218.

②　[英] 约翰·梅纳德·凯恩斯：《劝说集》，李井奎译，中国人民大学出版社 2016 年版，第 62 页。

③　[美] 阿瑟·林克、威廉·卡顿：《1900 年以来的美国史》（上），刘绪贻等译，中国社会科学出版社 1983 年版，第 405 页。

国勉强支付了当年（1930 年）的赔款之后，1931 年 6 月 5 日，德国总理勃朗宁称，德国没有能力履行赔偿义务。6 月 20 日，德国总统兴登堡急电美国总统胡佛，陈述德国财政困境，发出了无力交纳赔款而向美国求援的呼声。1932 年 1 月，勃朗宁宣布，德国既不能也不会在任何情况下支付赔款。希特勒上台后明确宣布取消赔款。

在德国不愿意赔款后，英国重新希望美国取消战债或者美国做出较大的让步，一次性解决战债问题。

1932 年 11 月，在美国总统大选结果揭晓后，英国希望修改 1923 年的英美战债协定，要求取消战债。胡佛总统就此发表声明，赔款与战债是两回事，不同意英法以经济困难取消战债的要求。在这种情况下，英国不情愿地支付了 12 月的分期支付金，但却发表声明说它同美国的债务协定至此即告结束①。意大利、捷克斯洛伐克、芬兰、拉脱维亚和立陶宛也做了支付。法国政府也建议这样做，但下院拒绝了这个建议。比利时、希腊、波兰、爱沙尼亚和匈牙利等国了拒付欠美战债。

在 1933 年召开的伦敦经济会议上，英国象征性地向美国归还了 1000 万美元的债务，并希望就此与美国达成取消其余战债的协议②。这 1000 万美元只相当于到期利息的一部分，远远不足以抵付到期战债的本息。这种偿还也就被称为"象征性偿还"。英国带头做出"象征性偿还"后，意大利、捷克斯洛伐克、罗马尼亚、立陶宛和拉脱维亚纷起仿效，也向美国做出"象征性偿还"。法国等国则继续拒付。

第三节 宣布全部废除债务的苏俄

1918 年 1 月 28 日，十月革命后的苏俄政府颁布了《工人、士兵和农民代表苏维埃全俄中央执行委员会关于废除国债的法令》。法令规定：（1）自 1917 年 12 月起，在一项特别公布的清单中所列举的、俄国地主

---

① 颜声毅等编：《现代国际关系史》，知识出版社 1984 年版，第 168 页。

② 徐振伟、徐园园：《一战后英美战债问题评析》，《云梦学刊》2009 年第 5 期。

和俄国资产阶级的政府所签订的一切国债均予以废除。上述公债的 12 月份利息券不应偿付；（2）上述政府关于各个企业和机关的公债的一切保证同样予以废除；（3）一切外债无条件地、一无例外地予以废除①。此外，苏俄还没收了外国在俄国经营的企业、矿山和其他相关资产，实行了金融和对外贸易的国家垄断制。

这样的法令令世人震惊，如果说废除战债还可以理解的话，那么，废除战前贷款和没收外国资产则是史无前例的。以往有国王因债务过多宣布破产，但苏维埃俄国是个大国，远没到破产那个地步。而且这样做无疑会损害先前俄国政府在国际金融界多年建立起来的良好的声誉。

不过，内战初期，由于局势不利，苏俄在债务问题上的处理是灵活的。1918 年 12 月间，苏俄政府多次向西方大国政府呼吁进行和平谈判。1919 年 2 月 4 日，苏维埃政府向英法美等国发出照会，指出："尽管苏维埃俄国的军事形势和国内形势日益好转，俄国苏维埃政府仍然认为有必要签订能够结束军事行动的协约，它仍然准备为此目的立即开始谈判，并且正如它多次声明的那样，为达成这一协议不惜做出重大让步。"照会特别强调只要协约国不干涉苏俄内政，外国军队立即撤出苏俄领土，苏俄可承认以前各届政府的债务，同意偿付旧债利息，提供矿山、森林的租让权。②

苏俄政府让步、和解的态度使威尔逊和劳合·乔治准备就债务问题进行谈判，时任美国出席巴黎和会代表团政治情报组组长的布利特受命率领一个特别使团来到莫斯科。布利特带着关于停止俄国国内双方军事行动条件的建议书来到了莫斯科。

2 月底，苏俄外交人民委员契切林同布利特以英美方案为基础开始了谈判。3 月 11 日，列宁直接参加了格·瓦·契切林同布利特的谈判，苏俄政府原则上同意协约国的建议，但同时做了若干修正，而且取得了布

① 李鹏：《二十世纪 20、30 年代苏联与英、法、美间的"债务问题"》，硕士学位论文，首都师范大学，2009 年，第 9 页。

② 周尚文、叶书宗、王斯德：《苏联兴亡史》，上海人民出版社 2002 年版，第 226 页。

利特的同意。最终双方于 1919 年 3 月 12 日签订了协议草案。其主要内容是：在一切外国军队撤离俄国，协约国停止对苏俄国内一切反政府的军事援助，恢复外交关系，撤销对俄国的经济封锁等前提下，苏维埃政府实现和平后解决对协约国的债务①。

协议草案的末尾写道："只要协约国在 1919 年 4 月 10 日以前把这个方案正式提出来，苏俄政府保证全盘接受上述七项条款。"列宁最后要求所有债务应由旧俄所属各国平均分担，捷克斯洛伐克人抢走的黄金应折算为偿还债务的付款。列宁还要求把苏俄政府按《布列斯特和约》付给德国并落入协约国手中的黄金折算为偿还债务的付款②。

可以说，这是苏维埃政府与英美进行得最认真的一次谈判，谈判的内容比较细致，而越细致越能说明双方有谈判的诚意。列宁也表示，这个协议有利于协约国，而不利于苏维埃政权，然而，"即使是缔结对我们最不利的和约，只要能保全红军士兵的生命，我们也会获得较多的好处，因为在和平时期，我们会一个月比一个月强大几十倍③"。

但是，由于苏俄国内局势的动荡，此外，匈牙利革命胜利使欧洲各国大为震惊，多方面的原因使布利特与苏俄达成的和约成为空文，解决债务问题的一次有益尝试以失败告终。而苏俄政府在战场上的形势逐渐好转后，在债务问题上的立场也强硬起来。

1921 年，苏俄发生了严重的饥荒，全国有三四千万人处于饥饿的状态。列宁委托高尔基向西方进步力量发出呼吁，寻求援助。1921 年 8 月 6 日，列宁还在《真理报》上发表《告国际无产阶级书》，并向欧美各国政府发出专函，请求西方国家的政府和人民，特别是广大工人阶级向苏维埃俄国提供粮食援助。赫伯特·胡佛领导的美国救济署最先做出响应，给予苏俄大量援助，提供了价值 2000 万美元的粮食。虽然参议院在讨论

---

① 周尚文、叶书宗、王斯德：《苏联兴亡史》，上海人民出版社 2002 年版，第 226 页。

② ［苏］C. IO. 维戈兹基等编：《外交史》第 3 卷（上），大连外语学院俄语系翻译组译，生活·读书·新知三联书店 1979 年版，第 244 页。

③ 《列宁全集》第 39 卷，人民出版社 1986 年版，第 131 页。

时曾提及苏俄的债务问题，但援助决议最后还是通过了。由于大量的灾民急需医疗救助，1922 年 1 月 17 日，美国参议院通过决议，向俄国提供价值 400 万美元的药品援助。①

1921 年 10 月 6—8 日，英、法、比、日、意、德等 19 个国家代表在比利时首都布鲁塞尔召开"援助苏俄"的各国政府代表会议。会上建议各国政府给予苏俄救济贷款，但附上两个条件：第一，俄国政府必须承认既有的债务和由于所承担的责任而产生的其他义务；第二，对于今后所给予的任何贷款均应提供适当的担保②。第二个条件是西方各国对苏俄不信任的表现，当然不信任是由苏俄废债令引起的。

对此，苏俄政府在 1921 年 10 月 28 日发表了一项声明。声明提出：苏俄虽然没有义务偿还沙俄旧债，但为了消除战争危险，谋求合作，愿意在沙俄战前债务问题上"做若干重大的让步"，即"对其他国家及其国民承认 1914 年以前沙俄政府所借的外债，但必须给予苏俄政府优惠条件，以保证它确有偿还上述债务的实际可能"；承认苏俄政府等。声明建议立即召开国际会议。③

对苏俄的声明，英国的态度较为积极，法国的态度则较为消极，于是它们决定于 1922 年 1 月初在法国戛纳召开协约国最高委员会会议。

1922 年 1 月 6 日协约国各成员国在戛纳举行会议，德国和美国派观察员参加了会议。戛纳会议建议 1922 年 2—3 月间在意大利热那亚举行国际经济会议，邀请所有欧洲国家参加，其中包括苏俄、德国、奥地利、匈牙利和保加利亚。

1922 年 2 月，12 个俄国债权国特别会议在巴黎召开。会议决定，协约国政府争取让苏俄偿付全部债务，偿还被收归国有的外国人财产。决定还指出，如果苏俄政府不接受这些要求，它将不被承认。

---

① 沈莉华：《美国对苏维埃俄国的饥荒援助》，《俄罗斯中亚东欧研究》2010 年第 3 期。

② 李鹏：《二十世纪 20、30 年代苏联与英、法、美间的"债务问题"》，硕士学位论文，首都师范大学，2009 年，第 15 页。

③ 颜声毅等编：《现代国际关系史》，知识出版社 1984 年版，第 92 页。

3 月 20—28 日，协约国经济和财政专家在伦敦制定了《专家备忘录》。该备忘录由"复兴俄国"和"复兴欧洲"两部分组成。"复兴俄国"的条件是：（一）承认沙俄政府、临时政府的一切债务；（二）承认俄国过去历届政府所承担的财政义务；（三）要求发还被收归国有的外国人在俄的财产或给予相当的赔偿；（四）要求俄国取消对外贸易垄断制；（五）要求让外国人在苏俄享有类似治外法权的特权；（六）为了保证和监督苏维埃政府履行义务，应由苏维埃政府与外国代表联合组成"俄国特别债务委员会"和混合仲裁法庭以决定对外国人的赔偿要求并监督苏俄的财政和预算；（七）外侨有权在俄经营企业，并可自由解雇工人；（八）要求在一切国家停止共产主义宣传①。

从协约各国的协商中可以看到，最关键的是两条，一是俄罗斯的债务问题，二是被苏俄国有化的外国资产的归还。协约各国希望以承认苏俄作为条件来换取苏俄偿还债务并发还已国有化的外国资产。

而这是苏俄政府不可能答应的。2 月 6 日，在《俄共（布）中央给出席热那亚会议的苏维埃代表团的指示草案》中，列宁拟定的指示是：（一）废除一切债务；（二）彻底修改凡尔赛条约②。这二条是西方国家无法认可的。

此时的苏俄已将债务谈判当作一种策略，列宁对热那亚会议本身的议题并不感兴趣，不然他也不会对代表团下这样的指令。他所希望的是利用这次会议，在欧洲各国中寻找缺口，也就是我们通常所说的，利用帝国主义之间的矛盾，打破帝国主义对苏维埃俄国的包围。

列宁的这一策略，国内学术界曾给予极高的评价③。但我认为，当相对温和的英国希望通过谈判来解决彼此的债务问题时，苏俄也应该显示出诚意，不能去利用会议，所谓高超的策略应该是在交涉具体问题时使用的，（例如万隆会议上，当各国有分歧时，周恩来总理提出"求同存

---

① 王绳祖主编：《国际关系史》第四卷，世界知识出版社 1995 年版，第 217—218 页。
② 《列宁全集》第 42 卷，人民出版社 1987 年版，第 410 页。
③ 赵文飞：《论苏维埃俄国出席热那亚会议的策略思想》，《史学集刊》1993 年第 3 期。

异"。）国际社会应该是有规则的，而不是去利用的。如果每个国家都采取利用的态度，那就不存在国际秩序了。

热那亚会议于 1922 年 4 月 10 日至 5 月 19 日举行，出席会议的有 29 个欧洲国家的代表，加上英国的自治领共 34 国。许多大银行、大石油公司的代表也参加了会议。这是"一战"后第一次大规模讨论欧洲经济问题的国际会议。

然而，会议一开始就显示出双方的巨大分歧。西方各国要求苏俄偿还 185 亿金卢布（战前债务 90 至 100 亿卢布，战债 80 至 90 亿卢布）①，赔偿被没收的外国企业损失。

出席会议的苏俄代表团副团长契切林指出，这是绝对不能接受的。战债是沙皇、临时政府为进行罪恶的大战和内战而借的，一律不还。在大战中，俄国与协约国共同作战，生命、财产所受损失严重，苏俄并未索取分文赔款，所以更无理由偿付战债。至于战前债务问题，苏俄代表表示可以通过谈判解决。

关于收归苏俄国有的外国企业的财产问题，西方各国要求发还被没收的外国企业，并赔偿十月革命后外国资本家受到的一切损失。苏俄认为，这些企业是苏俄的全民财产，发还这些企业将直接损害苏俄的国家主权②。

苏俄政府还公布了自己的反要求：即提出西方资本主义国家的武装干涉和封锁给苏俄国民经济造成的损失，总计为 390 亿金卢布，要求各干涉参与国予以赔偿。

英国表示可以同意取消战债，但要求苏俄放弃反建议，偿还战前债务。法国仍坚持俄国偿还一切债务。4 月 15 日，劳合·乔治代表西方国家提出新建议，拒绝苏俄提出的反赔偿要求，但在讨论战时债务时可考虑俄国的处境。至于私人债务和赔偿损失问题协约国决不让步，并强调债务问题不解决，其他问题就无法讨论，西方国家代表要求苏俄代表立

---

① 颜声毅等编：《现代国际关系史》，知识出版社 1984 年版，第 96 页。

② 同上书，第 96—97 页。

即表态。契切林坚持自己的原则立场，但表示要向莫斯科请示①。

　　1922 年 4 月 20 日，苏俄代表团致函劳合·乔治，表示苏俄愿做若干让步，撤回要协约国向苏俄赔偿损失 390 亿金卢布的反要求，向协约国偿还战前债务，但要求协约国取消战债，给苏俄提供优惠贷款，并在法律上承认苏俄。西方国家对此未做答复。

　　由于双方分歧太大，热那亚会议没有达成任何协议。

　　对热那亚会议失败的原因，首都师范大学 2009 届研究生李鹏有过详细的分析，他认为："英国态度比较积极，法国是对苏强硬的积极倡导者……苏俄缺乏解决债务问题的诚意。当协约国要求苏俄偿还这 185 亿卢布的债款时，苏俄却开出了 390 亿金卢布的反要求，390 亿金卢布的数字早已超出协约国的接受范围，根本没有合作的可能性。再者，苏俄参加热那亚会议的目的并不是为了解决债务问题，而是抱着'打破资本主义国家的封锁'而去的。苏德《拉巴洛协定》的签订，标志着苏俄在资本主义的链条上打开了缺口，此时苏俄政府向参加热那亚会议的代表发电报，要求他们抓住机会尽早结束会议②"。

　　会前，列宁就不准备妥协。当契切林对会议能否取得成功表示担忧时，列宁告诉他："表现出惊惶失措。这比什么都危险。我们丝毫不怕破裂，因为明天我们会有一个更有利的会议。孤立、封锁现在吓不到我们，武装干涉不过如此③"。

　　热那亚会议后，英法等国政府均绕开了债务等有争议的问题而与苏联恢复了外交关系，但债务问题成为西方国家与苏联之间悬而未决的问题。

　　从表面上看，苏俄似乎赢得了债务问题上的胜利，单方面废除了债

---

① 周尚文、叶书宗、王斯德：《苏联兴亡史》，上海人民出版社 2002 年版，第 241 页。

② 李鹏：《二十世纪 20、30 年代苏联与英、法、美间的"债务问题"》，硕士学位论文，首都师范大学，2009 年，第 20 页。

③ 王绳祖主编：《国际关系史》第四卷，世界知识出版社 1995 年版，第 226 页。

务，不需要还债，新生的苏维埃政权省下了许多资金。但是，苏俄不偿还这笔债务，随之而来的后果是后来的苏联政府难以从国际市场获得足够的资金，而当时的苏联要恢复经济需要大量投资。20世纪二三十年代，苏联一再试图从国际市场获得资金，但法国明确表示，在归还债务之前，苏联不可能从法国市场进行融资。1933年，苏联曾尝试从美国获得贷款，但美国拒绝了这一请求，原因就是苏俄的债务问题。苏联在第二次世界大战前几乎被孤立于国际金融体系之外，苏联只能从德国和捷克斯洛伐克获得少量贷款。这种情况一直持续到德国入侵苏联。

西方国家也一直没有放弃对债务的追讨。据报道，"1986年，苏联和英国处理了英国籍债券持有人的要求，苏联向英国支付了8200万英镑。显然，这种偿债只具有象征意义，代表了苏联政府的一种态度。而在沙俄债务问题上，作为最大债权国的法国，则始终没有放弃对这笔债务的追讨。1997年，法国和俄罗斯达成了30亿法郎的清偿方案。苏联解体后，美国仍然在与俄罗斯谈判1917年债务违约的最终清偿方案。在这漫长的交涉纠纷中，当初废除债务的国家，最终不得不做出姿态，承认了债务，象征性地偿还了欠款。这样，俄罗斯才又回到国际资本市场①"。

第四节　坚决要求还债的美国

对于当年盟友全部取消战债的方案，美国一口回绝。美国总统威尔逊明确表示，战债纯属财政往来，欠美战债必须全部偿还，分文不能少。美国还认为，赔款和战债完全是两码事，希望欧洲不要把两者混为一谈，更不要为不还款寻找理由。美国政府和公众舆论认为，欠债还钱，天经地义，无论欧洲能不能从德国得到赔款，它们欠美国的战争债务都应该到期偿付。在美国人看来，在协约国遇到困难时，美国人慷慨解囊，给予大量的贷款，这些钱并非天上掉下来的，而是美国人辛苦所

---

① 参阅梁发芾《国家赖账的后果》，《中国经济时报》2016年3月21日。

得，欧洲没有任何理由不还债。后来的美国政府都承继了威尔逊的这一立场，美国朝野内外也支持这一做法①。这其中，最典型的是后来的美国总统柯立芝之态度，"美国的生意就是生意"，"他们欠了钱？不是吗？让他们还②"。

美国的态度使英国在战债问题上陷入两难处境，一方面英国在一次大战中消耗了大量财富，在财政上并不宽裕，如果它积极归还债务，而其他国家不归还欠英国的债务，那英国的压力太大；另一方面英国又担心赖债会在一定程度上损害英美关系。更重要的是，欠债不还有损大英帝国的声誉。伦敦是国际金融中心，不处理好战债问题，后果难料。

英国等盟友对战债问题的想法也使美国陷入两难。战争结束后，在巴黎和会上，美国就反对过于削弱德国，一个重要原因是希望德国的经济能尽快恢复，这有利于欧洲经济的恢复，欧洲经济的恢复会带动美国的外贸出口，解决美国的生产过剩问题。如果美国大幅削减甚至取消战债，自然对欧洲经济是非常有利的，欧洲经济的恢复肯定会带动美国的出口，这有利于美国经济。而如果美国坚持要求欧洲还债，这肯定不利于欧洲经济的恢复，欧洲无力进口美国的产品，不利于美国经济的发展，并且还会使美欧关系蒙上阴影。但是，如果美国放弃战债，国会将会阻挠和反对，美国民众也不会接受。

1930年，经过艰难的谈判，欧洲各国同意还债，美国也作了让步，削减了债务国的部分债务。虽然欧洲各国同意偿还战债，但是欧洲既缺黄金也缺美元。

第一次世界大战结束时，美国的黄金储备占全世界的一半以上，欧洲各国普遍缺少黄金。欧洲也很难从美国获得美元。根据胡毓源教授的研究，"美国的关税一直比较高。1913年国会通过的安德伍德—西蒙斯关

---

① 胡毓源：《一次大战后的战债问题与美国的对外关系》，《上海师范大学学报》1985年第4期。

② 康欣：《国家债权与霸权转移——美国对英国的债权政治研究（1917—1945）》，博士学位论文，复旦大学，2014年，第77页。

税法使美国的商品进口税率高达 26%，1922 年国会两院通过后，由哈定总统签署的福奈特一麦克肯培关税法，把美国的商品进口税率进一步提高到 33%。从 1889 年起，除 1893 年一年外，美国的对外贸易年年顺差，而欧洲国家的对美贸易则长期逆差。尤其在第一次世界大战爆发后，美国对欧洲的出口猛增，使美国的外贸出超大为增加。1914 年美国出超 4 亿 3580 万美元，1915 年猛增到 10 亿 4200 万美元，1918 年达 28 亿 9300 万美元。"①

私人投资在第一次世界大战前后也发生了深刻的变化。第一次世界大战前，欧洲对美国的私人投资远远高于美国的对外投资。而第一次世界大战后，美国对外的私人投资远远高于欧洲对美国的私人投资。据统计，"一战"前，美国的私人对外投资总额为 35 亿美元，而外国在美国的私人投资总额则高达 72 亿美元，而一战后，到 1919 年底，美国私人的债权比其债务超出 30 多亿美元。②

因此随着 1929 年经济大危机的爆发，德国停止赔款，欧洲各国向美国表示无力偿还战债。

1934 年 9 月，英国派李兹罗斯赶赴美国，准备进行最后一轮的战债谈判，提出要么取消战债，要么至多再一次性支付 2000 万英镑（4.6 亿美元），将战债彻底画上句号。美国总统罗斯福极为震惊，总数近 50 亿的债务，英国声明最多只能付 4.6 亿，罗斯福说，我们的欧洲朋友竟然说出这样可笑的数目，一个有自尊心的国会和一位有自尊心的总统再也不能继续参加讨论了。③

在 1934 年以后，美国政府每年向赖债的国家提供当年该偿还的战债清单，而作为回应，欧洲国家礼貌地表示出遗憾，这种外交方式的表达

---

① 参见胡毓源《一次大战后的战债问题与美国的对外关系》，《上海师范大学学报》1985 年第 4 期。

② 同上。

③ ［美］罗伯特·达莱克：《罗斯福与美国对外政策 1932—1945》上册，伊伟等译，商务印书馆 1984 年版，第 105 页。

一直持续到第二次世界大战的爆发①。

美国前前后后收到的偿付战债本息的款项合计还不到 30 亿美元②，其中大部分由英国赔付，剩下战债的绝大部分不了了之。

针对欧洲国家的赖债行为，美国激进的孤立主义者希拉姆·约翰逊参议员向国会提交议案，建议禁止向不还债的国家提供贷款，以此来警告那些有能力还债但却赖债不还的国家。1935 年，《约翰逊战债法案》在美国国会全票通过，并由罗斯福总统签字批准成为美国法律。

国内有学者认为，"《约翰逊战债法案》的目的在于通过禁止向欠债国家贷款，来迫使它们还债。但是，与目的相反的是，《约翰逊战债法案》使欧洲国家尤其是英国与美国讨价还价、友好协商解决战债的余地和空间消失。惩罚性的《约翰逊战债法案》不仅未迫使欧洲继续还债，反而使欧洲国家产生强烈的抵触情绪，更加赖债不还，即使对战债问题相对积极、温和的英国来说也不例外。《约翰逊战债法案》对英美关系、美欧关系产生了相当消极的影响，使双方因战债问题而导致的不信任进一步加剧，同时也进一步加重了美国的孤立主义倾向，美国民众将欧洲看做不守信用、忘恩负义、不值得交往和同情的对象③"。

不管怎么说，《约翰逊战债法案》未能使欧洲各国归还战债，但英国一直试图让美国取消战债的想法也落空了。

结　语

从理论上说，英国归还债务不是问题，英国也是债务国中态度最积极的。英国不愿全部归还战债的一个重要原因是无法收回其他国家欠它的债务，原指望德国的赔款，而大危机爆发后德国又不愿再支付赔款。

---

① 徐振伟、徐园园：《一战后英美战债问题评析》，《云梦学刊》2009 年第 5 期。
② ［美］威廉·兰格：《世界史编年手册·现代部分》上册，高望之等译，生活·读书·新知三联书店 1978 年版，第 337 页。
③ 徐振伟、徐园园：《一战后英美战债问题评析》，《云梦学刊》2009 年第 5 期。

英国一再要求美国取消战债，也是可以理解的，如果取消战债，很多问题便迎刃而解，包括德国的赔款问题，如果不是战债问题，那么德国的赔款问题不难解决。

也有学者提出，英国为了维护帝国的利益，为了维护英帝国的霸权，应该从一开始就不偿还欠美国的战债①。这一观点是值得商榷的，大英帝国的衰落与否，不取决于英国是否归还欠美国的战债。英国违约无论如何都是其金融史上的一个污点。

从道义上讲，美国是有理由要求欧洲还债，特别是有些债务是战争结束后，帮助各国战后重建的。凯恩斯认为，"如果德国支付的赔款，全部或接近全部不是用于修复战争带来的创伤，而是用来偿还美国在共同奋斗中所做出的财务贡献，那么会有许多人觉得，从人类的感情上讲，这是一个令人难以忍受的结果，而且与美国人在参战时和参战后所发表的那一套言论根本不相符合。然而，无论民众有多么深切、激动的情绪，要想让任何一位居于权要地位的英国人在公共场合下主动说出这种事情，总是很敏感的。明摆的事实就是，我们必须支付契约上规定要支付的，任何其他建议，如果有的话，也只能由美国来开口②"。

只有少数精英看到要欧洲还债的后果，当时美国的高层和普通民众远没有第二次世界大战后那样的觉悟（通过马歇尔计划来资助欧洲重建）；国际社会也没有要美国向战后欧洲提供无偿援助的呼声。

当时的人们也无法看清英美的债务问题是英美世界权力交接当中的重要一环。债务问题大大提高了美元在国际上的地位，也使美国与欧洲的经济联系越来越密切，最后使欧洲无法离开美国。

由于《约翰逊战债法案》，欧洲无法到美国融资，这使欧洲各国承受了极大的压力，尤其是国际形势日趋紧张，欧洲极度需要美国的资金，

---

① 参见康欣《国家债权与霸权转移——美国对英国的债权政治研究（1917—1945）》，博士学位论文，复旦大学，2014年，第133页。

② ［英］约翰·梅纳德·凯恩斯：《劝说集》，李井奎译，中国人民大学出版社2016年版，第64页。

在第二次世界大战爆发后，特别是法国战败后，英国再次耗尽它的国库，只有向美国求援。《租借法案》的通过，使美国资金再次流向英国。人类是智慧的，第二次世界大战后，赔款和战债都不再成为问题。

第一次世界大战后的苏俄和第二次世界大战后的苏联在与西方世界的关系中都曾做出过重大选择，"一战"后是"废债令"，"二战"后是不接受马歇尔计划。两次选择的结果都是一样的，那就是与资本主义世界作了一定程度的切割，使苏俄和后来的苏联游离于国际经济体系特别是金融体系之外。这样的选择一方面显得苏联特立独行；另一方面，也给苏联带来了诸多不利的后果，诸如国家信誉的损失、西方对苏联贷款的停止等，苏联其实是非常需要西方的资金和技术的。

第八章

德、意、日的挑战与英国从远东退出

19 世纪后期和 20 世纪初，英国在世界各地面临列强的挑战。在美洲，英国处理好与美国的分歧；在亚洲，英国与日本签署同盟条约，使日本成为英国的盟友；在欧洲，英国先后与法国、俄国签署条约，使法国俄国成为英国反对德国的盟友。"第一次世界大战前夕，英国所承担的义务已经收缩到这样的程度，即在面临德国扩张的情况下，英国可以运用它拥有的任何力量抑制进一步的衰落。"①

20 世纪 20—30 年代，德、意、日三国对现存的国际秩序发出挑战，英国再一次面对能力和义务之间的矛盾，如何以有限的国力，处理好英国在西欧、地中海和远东所承担的义务，是一个非常棘手的难题。

英国从全球战略出发，一度将远东作为重点，或一度将远东的重要性放在仅次于本土的地位。但最后，由于无法同时对付来自西欧、地中海和远东的挑战，英国逐渐从远东退出。

第一节 "一战"后英国在远东面临的问题及对策

第一次世界大战后，英国已经得到了一切。然而它也碰到了诸多问

---

① ［美］罗伯特·吉尔平：《世界政治中的战争与变革》，宋新宁等译，上海人民出版社 2007 年版，第 199 页。

题，新获取的利益并没有增强英国的国力，反而增添了新的义务，自治领、殖民地的独立倾向不断增强，经战争摧残的国内经济亟待恢复。此外，英国的海上霸权还受到昔日的盟国——美、日强有力的挑战。事实上，这一挑战在 19 世纪末帝国开始衰落时就初露端倪，"它（英国）能够对付美国在西半球的挑战，但只能靠从欧洲水域把战舰调过来，就像它能够增加皇家海军在远东的规模，但只能靠削弱地中海海军中队一样，它不可能在每个地方都那么强大"①。1905 年签署的《英日同盟条约》在某种程度上等于英国自己承认力有不逮。问题是，由于英帝国的衰落，它在远东的自治领、殖民地以及在中国的利益对英国的经济生活有着越来越重要的意义。

英国政府对美、日两国作了区别，认为"日本是最能对帝国的东部构成威胁的敌人"②，"与美国发生战争是不可想象的"③。根据 1920 年英国外交部提交的一份备忘录，英日在中国问题上存在着不可调和的矛盾，日本未来的扩张目标必将指向英国的东方帝国，英国外交部断言"日本是远东的德国"④。再也不能重温英日同盟的旧梦，已经是势所必然的了。此外，澳大利亚、新西兰及至加拿大自治领对日本的崛起也表现出极大的不安，出现了向美国寻求保护的迹象。为维系帝国内部的团结，显示英国的太平洋实力的存在，以维护英国在远东的利益，1921 年 6 月，英国政府决定在新加坡——太平洋与印度洋之间的枢纽建立海军基地并制定了相应的新加坡战略。这就是一旦远东发生危机，英国将迅速派遣一支略优于日本的舰队到新加坡镇住日本。显然，英国在凡尔赛和约确定了欧洲的均势结构之后，以欧洲局势的平静为前提，明确承担了它对帝

---

① ［美］保罗·肯尼迪:《大国的兴衰》，蒋葆英等译，中国经济出版社 1989 年版，第 285 页。

② Haggie Paul, *Britannia at Bay: The Defence of the British Empire Against Japan, 1931 - 1941*, Oxford, 1981, p. 1.

③ James Neidpath, *Singapore Naval Base and The Defence of Britain's Eastern Empire, 1919 - 1941*, Oxford, 1981, p. 21.

④ Ibid., p. 38.

国东部所负的安全义务。另外，新加坡战略的确立也弥补了英国全球防御中的一个缺口，把远东、太平洋地区的防御与地中海、中东地区及本土的防御连为一体。其后，在1922年召开的华盛顿会议上，虽然英国被迫接受"一强标准"，放弃它一直坚持的"两强标准"，但是根据会上达成的英美日主力舰5∶5∶3的比例，英国对其主要假想敌日本仍可拥有40％的优势，而且英美联合迫使日本在中国问题上让步，构筑起维持远东现状的华盛顿体系。新加坡基地和华盛顿体系一起成为英国维护其远东利益的主要支柱。

20世纪20年代，英国海军一直视日本为主要对手，始终把实施新加坡战略作为其主要任务。从1922年起，英国海军逐步制定实施新加坡战略的计划。他们认为，日本的第一攻击目标是新加坡，英国应顶住第一次打击，待英国舰队迅速抵达新加坡并解除日本海军对基地的威胁后，北上援救香港；然后对日本的海上贸易线进行封锁，迫使日本海军进行主力决战，从而彻底制服日本。这一战略设想含有三个基本要求。第一，新加坡拥有较强的防御体系；第二，新加坡基地能容纳一支大舰队；第三，英国海军能向远东迅速派出一支大舰队。其中第三点最为关键，基地本身不可能对日本产生任何威胁，只有舰队的到来才能使基地起到当初所赋予的战略意义。海军部的设想没有考虑欧洲可能出现的危机，更没有考虑地中海会发生什么。因此，一些敏感的军界和政界人士对新加坡战略的可行性提出了怀疑。如海军部的一位官员理查德就指出"日本不可能在欧洲平静的情况下进攻英帝国……我们的能力不足以应付在远东的战争而同时要求在欧洲使用海军力量……我们不能生活在梦幻中。"[1]不过基于20世纪20年代的国际局势，这类意见并未受到重视。那时，资本主义世界处于相对稳定时期，英国政府外交上致力于裁军，军备政策基于"十年规则"（十年无大战）。就远东而言，英日矛盾更多地表现在贸易竞争上，主要的麻烦倒还是来自于中国等地的民族解放运动，这也

---

[1]　Haggie Paul, *Britannia at Bay: The Defence of the British Empire Against Japan*, *1931 – 1941*, Oxford, 1981, p. 22.

无须大动干戈。

因此，不仅前述的那些远虑显得有些杞人忧天而被弃之一旁，甚至新加坡基地的建设也是三天打鱼、两天晒网：1921 年决定建造，1923 年才正式动工，1924 年工党政府下令暂停，1924—1928 年缓慢复工，1928 年麦克唐纳政府又决定尽可能减速。海军部关于基地的许多设想均未化为现实。按照 1926 年海军部提出完成基地（包括防御）的"削减"方案，总投资需 1100 万英镑。但到 1932 年，基地的建造、防御总共只投资 400 万英镑，以至当远东发生危机时，新加坡基地不仅远未完成，无法容纳 1 支大舰队，而且它自身的防卫主要也只有 1 个营的步兵，1 支虚弱的亚洲舰队（只有 2 艘轻巡洋舰，9 艘驱逐舰，17 艘潜艇和 5 艘护卫舰。）则分驻于香港、上海和威海卫等各个远东港口。与此同时，预计要向远东派遣的大舰队，也一直停留在纸面上。英国的整个海军军备既受制于国际海军军备条约，更受制于本国军费的拮据。"十年规则"确定后，海军的军费开始大幅度削减。1921 年的海军经费为 8000 万英镑，1923 年减至 5200 万英镑，至 1931 年，海军经费已不包括建造新舰，只够维持日常开支；而 1932 年的海军经费又是第一次世界大战后最低的，以致海军参谋部认为，"假如有必要向远东派遣一支大舰队的话，那么，我们将没有什么多余的力量以警戒本土水域的安全"[①]。这就意味着，在远东出现危机的时候，英国将既没有新加坡基地，也没有大舰队，一句话，没有足够的因应危机的军事手段。

1931 年，日本在中国发动"九·一八"事变，随后占领东北，对第一次世界大战后的亚洲秩序发起挑战。1932 年，日本在上海发动"一·二八"事变，以直接的军事行动侵犯了英国在远东的利益，构成了对英国远东地位的严重挑战。"一·二八"事变使英国在远东防务的虚弱状况暴露无遗。1932 年 3 月，英国参谋长委员会在提前完成的国防政策年度

---

① Ian Hamill, *The Strategic Illusion: The Singapore Strategy and The Defence of Australia and New Zealand, 1919–1942*, Singapore University Press, 1987, p. 27.

报告中指出"我们英国在远东的所有领地、印度的海岸线、自治领和我们的贸易线都暴露在敌人的进攻之下[①]。"1933 年，纳粹在德国上台，欧洲的形势又为之一荡。

英国同时面临来自远东和欧洲的挑战。

第二节　远东第一
——"九·一八"事变后英国对远东的定位

在欧亚局势日趋恶化的情况下，如何使新加坡战略同全球战略相适应并服务于英国在远东的利益，就成为英国政府需要解决的课题。

首先，英国政府确立了远东在英国大战略中的地位。"一·二八"事变后不久，英国参谋长委员会在递交给内阁的年度报告中除建议废除"十年规则"外，还要求迅速进行防务方面的工作，认为"远东应享有优先地位"[②]。1933 年 11 月参谋长委员会在国防政策年度报告中仍推荐英国防务的优先次序为"第一，保卫英国在远东的利益和财产，第二，欧洲的义务，第三，防卫印度"[③]。在本土安全未受任何威胁的情况下，英国仍视远东为其防务的重心。但 11 月 15 日成立的防务需求委员会（由帝国防务委员会秘书长汉基、财政部常务次官费希尔、外交部常务次官范西塔特和三军参谋长组成）在 1934 年初所递交的报告中判定，德国是英国长远的防御政策必须针对的最终的潜在敌人，日本则是直接的敌人。内阁批准防务需求委员会的这一判断。随着德国先后退出裁军会议和国联，英国最担心的两线作战的前景开始出现，远东的绝对优先地位将很难保持。

其次，英国制定了对日关系的方针，即在"露露牙齿"显示力量

---

①　N. H. Gibbs, *Grand Strategy*, London, 1976, p. 76.

②　Ian Hamill, *The Strategic Illusion*: *The Singapore Strategy and The Defence of Australia and New Zealand*, *1919 – 1942*, Singapore University Press, 1987, p. 208.

③　N. H. Gibbs, *Grand Strategy*, London, 1976, p. 86.

的同时改善与日本的关系。这是既涉及军备也涉及外交的问题。防务需求委员会强调了在英国遇到麻烦时，日本进攻帝国的严重后果。"我们的资源……不足以对付同时来自日本和德国的威胁"，从长远的观点来看，解决问题的方法在于外交，英国的对日政策应是"一种最终同日本和解与友好的政策"以及"一种应急的和临时的显示力量的政策以达到恢复我们近年来已经牺牲的地位和目标"①，因为日本只尊重"有力量防御自身利益的强国"②。

在这一方针的指导下，远东危机后缓慢复工的新加坡基地和防御的建设开始加速，海军军备问题又予考虑，并开始探寻外交解决远东问题的途径。

第一，完成基地和基地的防御。最先引起注意的是新加坡基地的防御问题。英国军方对日本在"一·二八"事变中表现出来的行动之迅速和海军的协同作战能力留有深刻印象。海军部在考虑基地的防御时，基本沿袭20世纪20年代的思路即以现有的海上力量、岸基炮兵和步兵构成三道有效的防御力量。"九一八"事变后成立的海岸防务委员会推荐在5年内完成新加坡基地第一阶段的防御，1933年，参谋长委员会又要求在3年半时间内予以完成。内阁对此原则上给予批准。但英国政府对于和平时期在新加坡驻1支巡洋舰中队，陆上力量增加4000人的要求不予批准，认为这既增加了费用，又会被日本视作挑衅行为，影响远东局势的稳定；对于防务需求委员会派7个飞机中队去新加坡的计划予以削减，只同意派1个飞机中队。基地的建造也被提上了议事日程。最初，海军部只要求在7年内完成"削减"方案，1934年，防务需求委员会在第一份报告中把时间提前3年即在1938年完工。海军部还在防务需求委员会秘书长汉基的支持下，提出了比"削减"方案稍高的要求。防务需求委员会予以接受，具体安排是：新加坡基地——400万英镑；基地第一

---

①　Ian Hamill, *The Strategic Illusion*: *The Singapore Strategy and The Defence of Australia and New Zealand*, *1919 - 1942*, Singapore University Press, 1987, p. 218.

②　Ibid.

阶段防御——360 万英镑（这一款项由自治领提供）；基地空军——140
万英镑；加上 20 世纪 20 年代的投资，总额已超过原"削减"方案 1100
万英镑的费用①。内阁接受了防务需求委员会的这一要求。当时防务需求
委员会提交的第一份报告中还要求下一个 5 年内增加的军费为 7100 万英
镑（不包括造舰经费），其中海军为 2100 万英镑，这又是相当大的一笔
款项。

　　第二，海军军备问题是海军部和防务需求委员会关心的另一问题。
第一次世界大战后，英国推行以保卫本土和帝国领土为目标的军事战
略。英国陆军的主要战略任务是保卫本土和帝国领土，空军起着帝国警
察的作用，海军的主要战略任务是执行新加坡战略。20 世纪 20 年代，
海军完全有能力完成这一战略任务。英国那时拥有 20 艘主力舰，海军
设想的方案是，留 6 艘主力舰防卫本土水域的安全，派 14 艘主力舰到
新加坡对付拥有 9 艘主力舰的日本海军。然而，到 20 年代末 30 年代
初，情况发生了变化，根据《五国限制海军军备条约》，1931 年英国将
拆毁 5 艘主力舰，而根据伦敦海军会议达成的协定，英国又不能建造华
盛顿条约所允许的主力舰。与此同时，法国、意大利开始扩建海军，上
台之后的纳粹也准备打破凡尔赛和约对其海军的限制，这样，英国的海
上优势逐渐被削弱。因此，海军部在 1933 年提出建造 70 艘巡洋舰的要
求，认为只有如此再加上法国作为盟友，英国海军才能有把握同时对付
德国和日本。1934 年海军部要求把海军预算从上一年的 5300 万英镑增
加至 5740 万英镑。在防务需求委员会讨论海军军备问题时，海军部对
"一强标准"提出了怀疑，认为海军最起码要有这样的能力"能向远东
派出一支足以与日本抗衡的舰队，此外有充分的力量保护英国的海外领
地和贸易线免受日本的攻击。同时，海军能够在本土水域保持一支充分
的力量威慑欧洲的海上强国"②。在今后 5 年内，财政应每年拨款约 1340

　　①　W. David, *The Rise and Fall of the Singapore Naval Base 1919 – 1942*, Macmillan, 1979,
p. 118.

　　②　N. H. Gibbs, *Grand Strategy*, London, 1976, p. 120.

万英镑建造新的军舰①。显然这是要在新形势下坚持新加坡战略。

对于这一要求，英国政府内部存有很大的分歧。财政大臣张伯伦认为，德国是潜在的最危险的敌人，英国的国力不足以同时对付来自东、西方的挑战。"假如战争集中于欧洲，那么英国有把握获胜，如果要分出一部分力量去远东，那么，英国连自身的安全都有很大的危险。"② 基于这一战略考虑，张伯伦认为，英国应着手对付来自德国的威胁，对德国最具威慑力的是一支强大的空军，英国重整军备应以发展空军为主，德国没有什么海军力量，英国也就没必要建立一支强大的海军。按照张伯伦的设想，英国只需集结于欧洲水域能对德国实行封锁的小规模海军即可。至于新加坡基地，"它应该完成并且加强防御，但是它不应用驻扎一支大舰队，我们应该放弃这一想法，它只是作为潜艇和轻巡洋舰的基地"③。张伯伦除要求内阁降低防务需求委员会提出的今后 5 年的追加经费应增加 100% 的要求，还要求相应削减陆军和海军的经费。在这里，姑不论张伯伦对整个英国防务概念的改变，至少有一点是确定无疑的，即张伯伦实际上要放弃新加坡战略。

海军参谋长查特菲尔德则在汉基支持下极力反驳张伯伦的观点。他认为，苏伊士以东帝国的安全和荣誉依赖于海军是否能派出一支舰队到新加坡，假如没有一支强大海军，英国的远东利益将依存于日本的宽容。"如果英国的经济无力维持一支强大的海军，那么，英国政府是否准备放弃东方帝国，如果不放弃东方帝国，在派一支舰队到远东的同时，有什么力量保卫本土水域的安全。"查特菲尔德指责张伯伦的政策"不是根据战略考虑，而是基于那一种方式能最廉价地保住英国在世界上的面子"。④

内阁在考虑海军军备问题时，显然是要在这两种对立的意见之间各

---

① N. H. Gibbs, *Grand Strategy*, London, 1976, p. 123.

② Haggie Paul, *Britannia at Bay: The Defence of the British Empire Against Japan, 1931 – 1941*, Oxford, 1981, p. 64.

③ Ibid., p. 57.

④ Ibid., p. 60.

取一些。它虽然表示英国将执行新加坡战略，却对海军部关于建造巡洋舰的计划和防务需求委员会关于今后 5 年的造舰经费不予批准；甚至准备把防务需求委员会推荐的用于弥补海军不足（包括主力舰的现代化，新加坡基地、舰载航空兵的建立等）的经费从 2100 万英镑减至 1300 万英镑。内阁只是同意 1934 年海军的预算增至 5300 万英镑，大致接近海军部的要求。这就是说，内阁的这个折中方案既要新加坡战略的外壳，又不愿或不能赋予这个外壳以充足的内容。

这样一种战略态势和决策意向，其政治含义又是什么呢？英国统治集团显然已经意识到防务的虚弱对其外交政策的制约，汉基坦率地承认英国在处理中日问题时陷于困境，主要是因为香港和新加坡的不安全。为此，英国在改善远东防务的虚弱方面切实地采取了一些措施，新加坡基地的建造和防御在英国的重整军备真正走上轨道之前就开始进行，在防务需求委员会的弥补方案中也占了相当的分量，英国在基地的建造和防御上投入了一定的人力和物力。但是这种"露露牙齿"显示力量本身并没有牙齿，基地的建造和防御并不能对日本构成任何威胁，真正具有战略意义的是海军的两洋作战能力。然而，英国政府恰恰在这一点上缺乏有效的军事手段，能力与义务之间的矛盾依然存在。并且，由于欧洲局势的变化，新加坡战略本身开始受到质疑。张伯伦和查特菲尔德的争论道出了英国政府所面临的两难选择：要么收缩防线，改变海军的战略任务；要么牺牲财政经济的利益，使海军拥有两洋作战的能力。虽然这一选择在 20 世纪 30 年代初期还不是那么迫切，但英国的这种处境不可避免地将影响其远东的政策。

在"九·一八"事变发生的时候，英国因中国东北与其在远东的利益关系甚微而显得无动于衷，且国内的经济危机也使英国暂时脱不开身，重整军备更是无从谈起。在处理"一·二八"事变时，英国尚有派 2 艘重巡洋舰到上海以威慑日本一类的"勇敢举动"，和既要"露露牙齿"又要寻求和解的政策相吻合。然而，随着纳粹德国的崛起，新加坡战略受到越来越多的质疑。这种显示力量与改善对日关系的平行政策越来越趋向后者。1934 年 4 月财政常务次官费希尔在一份备忘录中指出："我们不能同时与日本及最强大的欧洲海军强国进行战争。"鉴于德国的威胁，英国"不仅不能再承受同日本的离异，而且对我们来说绝对迫切需要的是实现同它的真正持久的和解"①。从 1934 年起，内阁一直在讨论财政大臣张伯伦提出的关于英日互不侵犯条约的备忘录正是这种考虑的直接反映，为重温英日同盟的旧梦，英国政府甚至考虑以牺牲中国的利益或在海军比例上向日本让步作为交换条件。

英国政府要在远东极力避免刺激日本，甚至希望与日本和解，又不能不反过来影响英国在远东所从事的军备建设。英国外交部远东司负责人奥德对此有这样一段评论，"我们越是加强我们反对日本的地位，我们就越能赢得我们在中国的利益，从这个观点看，新加坡基地的完工和在远东保持一支足够的海军力量是好事……但我们不能忽视日本人的侵略本性，以及他们企图在亚洲扩张的计划，如果他们了解到我们害怕，那么这种扩张必定对我们产生不利的反作用……所以，我们必须谨慎地不因经济、军事、政治的行动而招致日本的强烈反应"②。可以说，奥德的这段评论是对这一时期英国远东政策的写照。

不过，值得注意的是，虽然 20 世纪 30 年代初国际局势发生了英国所不愿看到的变化，但严格说来国际局势还没严重到英国无法动弹的地步。纳粹刚刚上台，尚忙于内部的整顿和准备；法国在外长巴尔都的倡导下，正积极筹建反德大联盟；英国还不必对德国的威胁过于担忧。远东的日本在上海事件后已退回东北，英国指望中国的辽阔可能使日本不敢轻易冒险。因此，在国际局势还使英国有相当回旋余地的情况下，英国在处理远东问题时还显得比较主动，仍希望扮演解决远东危机的主角，这显然不同于 30 年代中后期把美国推向前台的举措。同时，英国也还不愿对日本做出过多的让步，30 年代初期，英、日之间始终没有达到谅解，

---

① *Documents on British Foreign Policy, 1919 – 1939*, Second Series, V. 13, London, 1960, p. 928.

② William Roger Louis, *British Strategy in the Far East, 1919 – 1939*, Oxford, 1971, p. 210.

这也是原因之一。说到底，国际局势还未发展到英国派不出舰队到远东的地步。但是，随着国际局势的恶化，英国的回旋余地将不可避免地日渐缩小，其远东政策将面临越来越艰难的选择。

总之，英国政府对 20 世纪 30 年代初期的远东危机做出了一定的反应，然而，这种反应远不是迅速的，外交上的迟钝影响了军备的建设，而军备的虚弱又使外交失去了一个重要依托。结果，英国既没有建立起一支强大的海军，又没有寻得与日和解的妥善方法。

第三节 远东第二
——德意日的挑战与英国对远东的定位

20 世纪 30 年代中期，国际局势已极为动荡。德国正迅速地武装起来，根据英国防务需求委员会的估计，德国可能在 5 年内完成重整军备。到那时，英国的安全将不复存在；意大利已介入西班牙内战，根据英国外交大臣艾登的看法，意大利难以信赖；日本则着手发动全面的侵华战争。局势已如英国海军参谋长查特菲尔德说的那样，"我们现实的处境是，在帝国的两端受到德国和日本两个强大的军事国家的威胁，由于在意大利出现了一种侵略精神……我们已经失去了传统的安全"①。英国面临二线作战甚至三线作战的困境。

国际局势的恶化使英国所面临的实力与义务之间的矛盾日益尖锐。30 年代前期英国在远东实行的"露露牙齿"（显示实力）政策并没有产生任何效果。危机的深化需要英国做出更现实的反应。当时，英国在处理远东危机时的手段有限。首先是朋友难觅。法国全力注意欧洲问题，无心关顾远东；至于苏联，英国认为它本身就是亚洲的一个不稳定因素；美国则一方面为孤立主义所困，另一方面也不愿在远东充当"并非心甘

---

① Lawrence R. Pratt, *East of Malta, West of Suez: Britain's Mediterranean Crisis, 1936 - 1939*, London, 1975, p. 4.

情愿的领袖"①。另外，英国还不愿收缩防线，形势的发展和现实的考虑还未使英国走这一步。

因为帝国会议在即，英国需要对自治领关于是否派一支舰队去远东的询问进行回答。20 世纪 30 年代初期，德国已被视作潜在的最有威胁的敌人，但名义上，远东仍处于防务优先次序的首位，派大舰队到远东仍是英国海军的第一战略。

首先，英国确定了新的帝国防务秩序，远东排在第三位。1937 年 2 月，参谋长委员会推荐了新的帝国防务次序，"贸易线安全第一；本土安全第二；远东属地和自治领域的安全第三；地中海、中东安全第四……"，内阁批准了这份报告。海军也明确了其战略次序："本土水域第一；远东第二；地中海第三。"英国在 1937 年 5 月召开的帝国会议上向自治领宣布"地中海的麻烦不应妨碍英国向远东派遣一支舰队。"张伯伦上台后，对防务次序稍加变动：本土第一，贸易线第二，海外殖民地和自治领第三，欧陆第四。但他没有明确区分远东与地中海孰先孰后，海军的战略次序也没有发生变化②。

其次，英国政府调整了海军舰队到达新加坡海军基地后的战略任务。根据原来制定的东方作战备忘录，英国东方舰队的任务是对日实行经济封锁，迫使日本海军进行主力决战，从而彻底制服日本。1937 年制定的东方作战备忘录则采用了两种战略，一是迅速与日本海军进行决战；另一是英国海军只控制新加坡、巴拿马和美国太平洋海岸线，这将是一场持久战。海军参谋部认为，舰队到达新加坡后将采取哪一种行动方式，"要根据德国的情况和英国能够派往东方舰队的数量才能确定"③。

英国的决策表明，在欧洲局势越来越严重的情况下，远东在大战略

---

① 陈兼：《1937 至 1941 年美国的对德政策》，《历史研究》1983 年第 4 期。

② N. H. Gibbs, *Grand Strategy*, London, 1976, pp. 409 – 420.

③ Neidpath James, *Singapore Naval Base and The Defence of Britain's Eastern Empire*, *1919 – 1941*, Oxford, 1981, p. 137.

中的优先地位开始下降，但是，英国仍将派一支舰队去远东。在海军的战略中，远东的地位置于地中海之上。这是一种本土为重，兼顾远东的战略取向。

英国政府之所以这样考虑，笔者认为有三方面原因。第一，英国认为，德国是一个资源贫乏的国家，它必须通过速战速决的方式迅速夺取战争的胜利。因此，英国的战略考虑是经得起第一次打击，尔后以长期作战的方式拖垮德国。这样，在战争后期，"自治领的介入就成为一个决定性因素"①。其人力、物力的支持将有效地服务于英国持久作战的战略。这反过来要求英国能保证自治领的安全，否则，自治领很可能把注意力转移到自身的防御上去，从而减弱英国的实力。基于这样的原因，英国对其远东利益的取舍相当程度上受澳大利亚、新西兰等的制约，如果英国无力派一支舰队到新加坡维护其在远东的利益，那么，自治领也将怀疑英国是否有能力保护它们的安全。海军之所以在重整军备时一再要求"新标准"，希望英国海军能超过欧洲和亚洲的两支最强大的海军，正是为了显示英国海军有能力向远东派一支大舰队。倘若英国海军只对付德意，英国与法国联手，只需稍稍增长实力即可，用不着"新标准"。

第二，财政和经济的稳定被英国政府视为国家力量的"第四军种"，是对德最具威慑力的因素之一。在这一点上，远东、太平洋地区的作用不容忽视。从 20 世纪末开始，英国在整个世界经济中的地位下降。自治领、殖民地成为英国最理想的原料产地和商品市场。第一次世界大战后，英国致力于经济复苏，与自治领、殖民地的经贸往来和投资对英国的经济有着重要意义。中国则是"最有潜力的市场"，自然不乏吸引力。经济大危机后成立的"英镑集团"就更增加了远东的自治领、殖民地在英国经济中的分量。

第三，帝国是英国在世界政治舞台上发挥作用的一个重要支柱。"如

---

① Lothar Kettenacker, *The Fascist Challenge and The Policy of Appeasement*, London, 1983, p. 343.

果没有东方帝国，那么英国就仅仅是北海上的一个岛屿。"① 英国至少在欧洲实力对比发生剧变之前，不希望看到澳、新等自治领完全脱离英国而寻求美国的保护。当然它也不愿放弃在远东的利益。面对东西方同时出现的危机，英国政府做出了仍将派一支舰队去远东对付日本的决策，我们很难说这仅仅是一种姿态。

问题的关键在于，英国有多大决心凭实力去解决东、西方同时出现的危机？这种实力有怎样的规模，对对手有多少威慑力？

但实际上，"远东第二" 是一厢情愿的设想，没有实力作为依靠。

首先，英国的经济实力与重整军备的矛盾难以解决。

20 世纪 30 年代中期，英国在有限的国力与作为霸主所应负的义务之间产生了越来越严重的脱节。英国希望协调对付德国与防卫远东之间的矛盾，但这一矛盾并不那么容易解决。这样就需要英国在考虑远东政策时，也要考虑在军备上做相当的努力，"牺牲某些利益来改变实力对比，如牺牲财政经济的利益以增强军力"② 等，从而使海军拥有两洋作战的能力。同时，英国还需要考虑是否有可能 "牺牲某些外交利益来争取国际盟友和分化敌方阵营"③，如中立意大利、争取美国在远东的有效合作等。然而这两项英国都没能做到。由于主观指导上的贻误，英国的海军军备并不如意，由于客观的因素，当然也包括某些主观因素，英国并没能使意大利中立和获得美国有效的合作。

英国政府并不准备牺牲财政经济的利益以增强军力。英国的重整军备是在 1936 年 2 月防务需求委员会的第三份报告被批准后才有了一个像样的规模。但是，在重整军备过程中，经济始终是限制军备的重要因素之一。早在 1936 年 4 月，财政大臣张伯伦就提出对三军采取分配计划的建议；1937 年，继张伯伦之职的西蒙提出了一整套审查和分配三军经费

---

① Haggie Paul, *Britannia at Bay: The Defence of the British Empire Against Japan, 1931 - 1941*, Oxford, 1981, p. 73.

② 王斯德、钱洪主编：《第二次世界大战起源研究论集》，华东师范大学出版社 1986 年版，第 195 页。

③ 同上。

的财政程序，就是通常所说的"定额分配制。"它使"在为三军制定预算时，必须使国防需要服从于财政的支付能力而不是最大限度地挖掘财源，以满足迫切的国际需要。"① 另外，英国从"德国第一"这一战略构想出发，着重考虑的是建立一支空军。因此，从1935年开始的大规模重整军备以发展空军为主。空军经费的增长速度极快，1936年较1935年增长近2300万英镑，而同期海军经费只增加了1700万英镑。张伯伦上台后，经费的增长进一步倾斜。1938年空军的经费比1937年增加了5000万英镑，而海军的经费只增加了2700万英镑。这两方面的因素极大地限制了英国的海军军备。

1935年11月，防务需求委员会递交了第三份报告。在涉及海军问题时认为，鉴于英国海军可能陷于两线作战，英国政府应该采用一种新的标准，"远东能进行充分的防御，在欧洲有较强的威慑力"②。这一般称为"防务需求委员会（DRC）标准"。1937年4月，英国海军部正式向内阁提出建立新的"两强标准"的计划。新标准舰队的要求和防务需求委员会标准及"一强标准（根据华盛顿体系的标准）"的区别如下表：③

	一强标准	DRC 标准	新标准
主力舰	12	15	20
航空母舰	5	8	15
巡洋舰	46	70	100

对于防务需求委员会标准，内阁一方面原则上予以批准，海军的经费有所提高，但另一方面又指出，防务需求委员会标准不可能在1939年3月以前达到。至于"新标准"，内阁一直未予批准。1938年，财政部表示1939—1941年的海军预算经费为3亿5500万英镑，除去日常开支比建防务需求委员会标准舰队所需经费还少3000万英镑，比"新标准"舰队所需低8000万英镑。海军部表示极力反对，认为比防务需求委员会标准

---

① 齐世荣：《三十年代英国的重整军备与绥靖外交》，《历史研究》1984年第2期。

② N. H. Gibbs, *Grand Strategy*, London, 1976, p. 331.

③ Ibid.

还弱的舰队根本不可能承担它所需要履行的义务。经海军部力争，内阁同意把预算经费增至 4 亿 1000 万英镑①。但这仍低于"新标准"舰队所需经费。

海军军备所受的限制严重妨碍了英国海军派大舰队去远东的能力。

其次，难以获得意大利的中立。

英国海军有限的能力还因意大利未保持善意的中立而受到进一步的削弱。地中海的安全是履行远东义务的一个重要前提。英国政府极力争取意大利的中立，试图以此减轻海军的压力，增加海军对日本的威慑。英国最初制定海军战略次序时实际上是把意大利排除在潜在对手之外的。英国海军主要部署在地中海，一旦本土水域或远东发生危机，能迅速把舰队调往上述两个地区。1934 年德、日被视为英国的敌人，而意大利则与法国、美国列在一起，并非重整军备所应针对的目标。意埃战争爆发后，英国一再试图对意绥靖，防务需求委员会在第三份报告中认为意大利入侵埃塞俄比亚，这不应影响英国的全球战略。"地中海这个真空应由外交去填补。"②查特菲尔德认为，对意大利不能过分强硬。意大利虽然不是英国的对手，但至少会冻结英国 5 艘主力舰，这就会影响英国派往远东舰队的实力。

然而，对英国政府来说，外交手段能否填补地中海这个缺口始终是个未知数。在这种谅解没有肯定地获得之前，意大利、地中海就是影响英国全球海军战略，特别是远东战略的一个重要因素。而且，英国为了要达到与意大利和解的目标，也势必要在地中海保持一支相当规模的海军作为力量的显示，以争取意大利的中立。这样，海军从意埃危机起就被紧紧地束缚在地中海。1937 年 7 月，日本发动全面侵华战争，英国外交部提出派一支舰队到新加坡海军基地为英国外交提供后盾，以维护英国在华利益，并解除自治领对英国是否履行远东义务的疑虑。然而，海

---

① Haggie Paul, *Britannia at Bay: The Defence of the British Empire Against Japan, 1931 – 1941*, Oxford, 1981, p. 124.

② Ibid., p. 97.

军参谋长查特菲尔德表示无能为力。尔后的尼翁会议达成在地中海巡逻的协定，使海军更难从地中海脱身。查特菲尔德在一份备忘录中指出："任何派往远东的舰队都必须有足够的力量去击败日本海军的主力，如果只派两艘主力舰，那只会诱使日本去进攻它而不是被它们吓倒。但是，如果派一艘主力舰去远东，那么，随之而来的将是英国在它的领海和地中海处于受攻击的状态。"① 英国首相张伯伦也表示"最不愿意在这个时候派一支舰队去远东。"②

　　最后，英国未能争取到美国在远东地区的军事合作。

　　英国也未能争取到美国在远东进行有效的合作。早在20世纪30年代初期远东危机刚刚开始的时候，美国海军部的一位官员在一份备忘录中指出"和平的希望在于美国和英国肩并肩地站在一起，在所有的国际事务各自担负一半的责任"③。但是，当时的英美政府并不准备走得那么远，军事方面的合作更是无从谈起了。那时，在英国的心目中，美国还只是一个配角。但是，"七·七"事变后，由于自身力量的虚弱和受欧洲局势的牵制，英国开始有求于美国，不仅希望在外交上而且在海军方面得到美国的有效合作。艾登指出，由于地中海局势的影响，远东政策的一个重点是争取美国在海军方面的合作。1937年11月英国正式向美国提出举行参谋会谈的要求。从美国方面来说，1937年11月，德、意、日签署三国《反共产国际协定》，这使美国感到在未来的战争中可能面临两洋作战。因此，美国认为与英国海军的合作是有益的。而且，美国在制定海军作战计划时也需要了解英国的海军计划。1938年1月，英美两国在伦敦举行海军参谋会谈，双方达成一项非正式协议，"一旦同日本发生战争，双方将采取联合行动，英国将主要舰队部署在新加坡，而美国将把太平洋舰队驻扎在珍珠港"。同时规定，一旦对日实行封锁，"英国海军

---

① Bradford A. Lee, *Britain and Sino-Japanse War*, *1937 - 1939*, London, 1973, p. 88.

② Lawrence R. Pratt, *East of Malta*, *West of Suez*: *Britain's Mediterranean Crisis*, *1936 - 1939*, London, 1975, p. 59.

③ Stephen Roskill, *Naval Policy Between The Wars*, London, 1976, p. 235.

负责阻碍从新加坡——荷属东印度——澳大利亚和新西兰海岸的日本贸易。美国负责整个南北美洲西海岸的反对日本贸易的行动，并且负责加拿大西海岸的海军防御"①。英美会谈取得了一定的成果。但是，这只是一个远期的打算，并没有改变英国眼前在远东军事地位的虚弱，对英国处理日本损害其在华利益的一系列事件更是没有直接的帮助。而且，报界透露了这次参谋会谈的消息，这引起了美国国会里面孤立主义派的质询，美国又从原来的立场退回去了。

由此可见，第一，英国对远东海军战略的种种考虑与它在军备上所做的努力不相符合。"一强标准"的舰队不可能同时对付德国和日本，更不可能同时对付德、日、意三国，这导致了大战略与远东军事战略的脱节。因此，这一时期英国对远东海军战略的考虑在相当程度上带有幻想成分。它一厢情愿地设想其绥靖外交能达到欧洲的总解决，意大利至少能中立。而事实上，英国的绥靖外交更加刺激了侵略者的欲望，英国的海军根本无法从欧洲脱身。第二，从理论上讲，与地中海地区相比，远东在英国的政治和经济生活中的地位更为重要。英国在确立防备优先次序时，也是把远东置于地中海之上。但是实际上，作为贸易线的中枢——地中海是不可能轻易被英国放弃的。意埃危机后，英国海军主力一直驻扎在地中海，当远东也出现危机时，英国仍然主要关切着地中海局势。这也意味着，一旦外交手段无法使地中海平静，地中海在大战略中的地位就会上升，这为以后海军战略优先次序的转变埋下了伏笔。第三，如果说在20世纪30年代初期，英国在其远东政策中只是把美国当作配角，那么，在"七·七"事变后，英国已开始希望美国更多地介入远东事务。这也预示着英国在远东的地位已不断下跌。

20世纪30年代中期，英国已在全球范围内受到挑战，英国处理危机的回旋余地已变得越来越小，以至于查特菲尔德怀疑"帝国是否相互联

---

① ［英］麦克唐纳：《美国、英国与绥靖1936—1939》，何杭生等译，中国对外翻译出版公司1987年版，第74页。

系，帝国是否值得防御"①，这不能不影响英国对付远东危机的外交抉择。从战略上讲，若能稳住欧洲，那么，英国将有能力派一支大舰队到远东。如1937年的东方作战备忘录设想的那样；若能稳住远东，那么英国也就不必派一支舰队到远东。全面的挑战导致了全面的妥协。正如英国一位史学家说的那样，"三十年代的英国远东外交政策就是设法避免派一支舰队去远东"②。英国政府在面临东西方挑战的情况下，做出了本土为重，远东为次，欧亚兼顾的战略选择，这在理论上是无可非议的。英国不可能把主要力量用之于远东，在远东采取过分强硬政策。然而，任何一种政策的推行都需要以一定的实力作后盾。英国希望维护它在远东的利益，就必须有一支舰队作为依靠。由于英国政府不肯牺牲财政经济的利益，以增强海军军备，这样，理想与现实的矛盾便常常困扰着英国的决策者。日本发动全面侵华战争以后，一系列损害英国在华利益的事件，都需要英国做出反应。英国的决策者时时想起这支舰队，欧洲的形势不允许英国派舰队到远东，英国的军备政策造成了海军军备的虚弱，这使英国很难在远东有什么作为，而当英国对日妥协时，军事上的虚弱又成为其理由。这样一种政策取向，只能使英国在日本的压力下步步退缩。英国在远东的地位不断下跌。1939年欧战爆发后，英国已根本不可能派大舰队到远东，远东的担子完全交给了美国。

第四节　从远东撤出

慕尼黑会议后德国并没有像张伯伦期待的那样把自己的力量限于大德意志范围内，也没有像张伯伦期望的那样把侵略方向对准乌克兰。1938年10月从各地来的情报表明德国的进攻矛头不是指向东方而是指向西方。

---

① Lawrence R. Pratt, *East of Malta*, *West of Suez*: *Britain's Mediterranean Crisis*, *1936 – 1939*, London, 1975, p. 3.

② Ian Hamill, *The Strategic Illusion*: *The Singapore Strategy and The Defence of Australia and New Zealand*, *1919 – 1942*, Singapore University Press, 1987, p. 4.

1939 年 3 月的布拉格事件终于给张伯伦推行的绥靖政策画上了句号。面对德国在战略上和军事实力上占据有利地位后所显示出来的咄咄逼人的气势，英国政府开始重新考虑其整个战略决策。英国明确与法国的同盟关系，重建中东欧的反德同盟体系，并与苏联进行结盟谈判，其欧洲政策逐渐由以妥协为主调的绥靖政策转向以威慑为主调的强硬政策。外交战略的转变又带动了军事战略和军备政策的转变。

布拉格危机后，英国着手组建大规模的远征军，把履行欧洲义务作为陆军的主要战略任务，空军又试图重新取得对德的轰炸机优势，英国的国民经济开始转入战时轨道，这一切意味着英国已切实地从准备战争的角度来对待欧洲的危机，英国大战略的这一转变极大地影响了它的远东政策。

由于欧洲实力对比的剧烈变化，欧战已迫在眉睫，英国需要考虑收缩它的防线，把力量集中于欧洲。1938 年 11 月，新任海军大臣斯坦尔普提出，"1937 年 5 月向自治领做出的承诺（向远东派一支大舰队——作者注）应予修正"①。1939 年 2 月，外交部要求派舰队到远东作为外交的后盾，海军部予以回绝。法国也向英国施加压力，它表示"如果英国舰队驶往远东，法国将撒手不管中欧和东欧的抵抗"②。1939 年 3 月，英国参谋长委员会在一份备忘录中要求"英国派往远东的舰队的规模应视我们的资源和欧洲的形势而定"③。帝国防务委员会予以接受，并于六月做出决定："鉴于许多易变因素，在当前不可能估计在反对日本的敌对行动爆发后，可能被派往远东的舰队的规模，也不能明确它可能被派出的时间。"④ 这实际上等于批准了新的海军战略的优先次序，即德国第一，地

---

①　W. David, *The Rise and Fall of the Singapore Naval Base*, *1919 - 1942*, Macmillan, 1979, p. 145.

②　［英］麦克唐纳：《美国、英国与绥靖 1936—1939》，何杭生等译，中国对外翻译出版公司 1987 年版，第 187 页。

③　N. H. Gibbs, *Grand Strategy*, London, 1976, p. 126.

④　W. David, *The Rise and Fall of the Singapore Naval Base*, *1919 - 1942*, Macmillan, 1979, p. 145.

中海第二，远东第三。远东在英国海军战略中的优先次序从20世纪20年代初期的第一，30年代中期的第二，降到现在的第三。海军的战略计划也做了相应的修正。

根据作战参谋德雷克的观点，派舰队去远东违反了海军集中力量对付主要敌人的传统。他主张，假如英国三线作战，那么，在欧洲水域保持比德国多一艘的优势并集中力量先击垮意大利海军；假如意大利中立，英国应主要进攻德国。至于远东，只有在条件许可并且有把握迅速获胜的前提下，海军才能派大舰队前往。这一观点为海军部所接受。参谋长委员会和海军部还指出：即使欧洲的形势允许英国派一支舰队去远东，海军也至多能往远东派遣7艘主力舰（英国当时只有13艘主力舰可供调遣，另2艘在整修，国内需6艘），其战略任务只能限于："一，维持新加坡海军基地的安全；二，保持贸易线的畅通；三，防止日本对澳大利亚、新西兰可能的攻击。"[①] 这样，英国海军的远东战略从原先的进攻转向防御。海军战略次序的转变不可避免地冲击了英国的远东战略。

这一影响首先表现在英美关系上。英国在欧洲局势的吃紧以及海军战略的转变，使英国更迫切希望在远东得到美国的援助。在慕尼黑会议前，张伯伦政府对欧洲局势的缓和寄予厚望，而一旦欧洲局势缓和，日本就不可能对英国在远东的利益采取过分的行动。与美国的合作相对而言则并不那么紧迫，英国在争取与美国合作中所做的努力是有限的，1938年1月海军参谋会谈后，英美在远东方面几乎没有什么合作。慕尼黑会议后，随着国际形势的日趋恶化，英国迫切希望在远东事务上得到美国外交与军事上的支持，使美国成为其在远东利益的有力保护者。因此，英国频频向美国提出进行海军参谋会谈的要求。1939年3月德国进军布拉格后，英国马上指示其驻美大使林赛去弄清美国是否愿意重新交换海军方面的观点，并要他强调"由于英国可能卷入战争，不可能再派

---

① W. David, *The Rise and Fall of the Singapore Naval Base, 1919 - 1942*, Macmillan, 1979, p. 148.

舰队去远东"①。1939 年 5 月，英国派汉普顿赴华盛顿与美国进行秘密参谋会谈。英国政府给他的指令是如果美国提出海军合作的问题，他应指出"英国希望美国的主要海军力量集中于太平洋"②。在这一时期，虽然美国的战略重心也开始转向大西洋，但美国认为英法可以抵挡德国的进攻，因此仍表示，当盟国负责大西洋、地中海时，美国负责太平洋。美方代表威廉·李海将军还以私人谈话的形式表示"美国舰队应移往新加坡，力量足以击败途中遇到的任何日本舰队③。"此外，美国还应英国的要求，对海军作了重新部署，把正在大西洋演习的美国舰队调回到太平洋基地以牵制日本。由于英美海军战略大致相合，英国争取美国在远东合作的努力取得了一定的成功，但是美国的合作不可能从根本上改变英国在远东的军事地位。

其次，海军战略的转变也影响了英国对中日战争的态度。英国逐渐趋向于走"中间路线"，即在有限援华的同时不刺激日本。"七·七"事变后，英国一直拒绝对华援助，一则担心中国很快崩溃；二则唯恐激怒日本，损害英日之间的关系。中日战争进入相持状态后，英国对中国战场的作用进行重新估计，认为中日之间的对峙将有利于英国在远东的利益。而且，英国此时正在考虑改变海军的战略次序，因此更希望中国战场能拖住日本。因此，英国开始和美国一起援助中国。1938 年 12月，美国给予中国一笔 2500 万美元贷款后，英国随后同意给予中国 50万英磅（约 250 万美元）的援助；1939 年 3 月，日本占领海南后，英国又马上提供 500 万英镑（约合 2300 万美元）的资金专门用于稳定中国的货币④。当然这些援助是极其有限的，英国远东军事地位的虚弱以及欧洲局势的牵制，使它极力避免与日本发生冲突。当 1939 年 6 月天津危机爆发后，虽然英国意识到在天津的屈服将使英国不仅失去华北，还将

---

① James R. Leutze, *Bargaining For Supremacy: Anglo-American Naval Collaboration, 1937 – 1941*, North Carolina, 1977, p. 34.

② Ibid. , p. 37.

③ Ibid. , p. 39.

④ *Documents on British Foreign Policy*, Third Series, V. 8, London, 1955, p. 486.

失去整个中国，然而，英国并没有采取相应的手段，内阁在讨论外交部、贸易委员会和参谋长委员会就天津事件提出的备忘录时，首先考虑的是参谋长委员会的报告。参谋长委员会坚决反对任何制裁措施，认为这将导致日本的报复，在欧洲局势危急的情况下介入远东是"极不愉快的"；而且，即使准备派舰队去远东，由于本土水域和地中海的安全需要，英国也只能派2艘主力舰去远东，这不能阻止日本的进攻；假如海军从地中海脱身，那么，英国将能够向远东派7艘主力舰。只是，这样一支舰队也"仅能防止英国遭受重大的灾难，不可能直接限制日本在中国的行动……并且，还要考虑派舰队去远东在欧洲所产生的影响"①。因此参谋长委员会认为"在没有美国积极合作的情况下，从军事观点看，并注意到当前的国际局势，不应采取任何可能导致同日本人发生冲突的行动"。② 参谋长委员会的观点为内阁所接受。天津事件终以英国做出让步，签署《有田—克莱琪协定》而告结束。

1940年5月，法国战败，意大利也已参战。英国孤悬海外，本土受到德国入侵的危险，英国已变得要为自己的生存而战。

英国不能不进一步明确地把欧洲放在压倒一切的首位。在保卫本土的同时，英国把地中海地区作为下一步的"第一战场"——争取首先击败意大利，保住希腊、土耳其等国，并以此作为日后进攻德国的基地。在1941年年初的英美参谋长会议上，英国对欧洲和远东的关系讲得极为清楚，"欧洲战区是生死攸关的战区，这是首先必须做决定的地方。因此，总的政策应是首先打败德国和意大利，然后对付日本。远东地区的安全，包括澳大利亚和新西兰的安全，对于英联邦的巩固及其战争能力的支持都是必不可少的"③。英国的海军战略失去了两个重要的支撑点：法国海军的援助和意大利海军的中立。在英国海军的战略设想中，法国

---

① Peter Lowe, *Great Britain and the Origins of the Pacific War*, Oxford, 1977, p. 84.

② Haggie Paul, *Britannia at Bay: The Defence of the British Empire Against Japan, 1931-1941*, Oxford, 1981, p. 150.

③ 第二次世界大战史研究会编：《第二次世界大战史论文集》，生活·读书·新知三联书店1985年版，第20页。

是最可靠的盟友，英国一直期望在未来的海战中能得到法国海军的援助。而今，法国海军不但未成盟友，反而可能成为敌手。英国也一直指望意大利能保持中立，这是英国海军能否派大舰队去远东的一个重要前提，但意大利已是明确的敌人。这意味着英国海军需独自承担大西洋和地中海作战的任务。严峻的形势迫使英国海军放弃了派遣大舰队去远东的最后一点希望，而只能寄希望于击败德、意之后再作安排。英国海军的远东战略转向保住它在远东的海军基地——新加坡。在英国看来，新加坡"是维护帝国利益的关键"、"是盟国重新进入远东的一张牌"。①

英国所面临的危机及海军战略的变化使英国的远东政策在三个方面产生了相应的改变。

首先，在远东的军事政策方面，英国对新加坡等基地的防务作了调整。第一，把防御范围扩大到整个马来亚，从决定建造新加坡基地之日起，英国就考虑到日本有可能通过马来亚从背面进攻新加坡，基于海军舰队能迅速到达新加坡基地，这种可能性被排除了，因为时间不允许日本那样做，日本只能通过海上来突袭新加坡。因此，20 世纪 20 年代至 30 年代中期，新加坡基地的防御重点放在靠海的一面。现在由于调整了战略，海军大舰队不能迅速到达，日本通过马来亚进攻新加坡又重新成为可能。1940 年 7 月，参谋长委员会提交了一份新的远东事务报告。报告认为日本可能通过马来亚进攻新加坡。参谋长委员会建议防卫新加坡应从防卫整个马来亚来考虑。第二，防务力量结构的调整。海军战略变化前，新加坡基地的防务力量主要是岸基炮兵，以对付来自海上的进攻。海军战略变化之后，防务需扩展到整个马来亚，陆军和空军的作用开始被强调。1940 年 7 月，参谋长委员会要求派 336 架飞机去新加坡。但在同时召开的有英国、新西兰和澳大利亚参加的新加坡防务会议，又要求飞机数量增至 582 架。总之，英国军方已开始设想用空军来取代海军作为远东防御的主力。第三，协调英帝国内部和荷兰在远东的防御。英国要

---

① Peter Lowe, *Great Britain and the Origins of the Pacific War*, Oxford, 1977, p. 194.

求澳、新的海军力量能迅速增援英国的亚洲舰队。陆军力量的加强主要由印度和澳大利亚承担。1941 年 4 月，在澳大利亚、英国和荷兰三方的会议上三国又商讨了共同使用军事力量的问题。英国海军的远东战略现在只剩下防守新加坡这一任务了。

其次，在调整新加坡基地防务的同时争取美国海军派大舰队到新加坡威慑日本。1939 年海军战略变化之后，英国希望由美国担负防卫远东的主要责任，英国予以协助。1940 年法国战败后，英国要求把远东的海军任务全部交由美国承担。1940 年 8 月，英美海军参谋人员在伦敦举行会谈，英国的指导原则十分明确："美国能替代英国在远东的力量，在防卫本国利益的同时，也保护英国利益的安全即美国负责太平洋，英国负责大西洋。根据这一原则，新加坡即将成为美国所控制地区的一部分。"[①]1940 年 9 月，日本占领印度支那北部，丘吉尔马上致电罗斯福询问美国是否愿意派一支世界上最强最好的舰队访问新加坡。1941 年 2 月，英美在华盛顿就广泛的世界性防务问题举行参谋会谈。涉及远东海军合作问题时，英国极力强调新加坡的重要性和美国所能起到的作用，"新加坡的沦陷意味着英联邦的解体，并削弱我们的战斗力"[②]。英国所承担的义务"不仅出于战略上的考虑还由于政治、经济和情感上的原因"，因此，英国决心守住新加坡。要做到这一点，最好的解决方法是驻扎一支包括主力舰的海军力量。由于英国海军不能从大西洋和地中海撤出来，远东的海军力量又十分虚弱，希望得到美国的援助，"美国的介入将改变整个局面，不仅解除日本对自治领的威胁，而且，日本即使占领新加坡，也不可能借此进一步向西推进"[③]。

最后，加强对中国的援助。法国战败后，英国越来越希望中国能拖住日本的手脚。陆军部认为中国的抵抗是极富价值的。南非史末资将军

①　James R. Leutze, *Bargaining For Supremacy: Anglo-American Naval Collaboration*, 1937 – 1941, North Carolina, 1977, p. 133.

②　W. David, *The Rise and Fall of the Singapore Naval Base*, *1919 – 1942*, Macmillan, 1979, p. 179.

③　Ibid., p. 180.

也向英国政府表示："假如中国崩溃的话，英荷在远东的领地马上会感到它的直接后果。"① 1940 年 11 月，英国成立紧急救济会，以 100 万英镑救济中国难民；1940 年 12 月，英国政府宣布将贷予中国"平衡基金贷款"及"信用借款"各 500 万英镑②。中英还就军事合作问题进行谈判，英国向中国派遣一军事代表团去估计中国军队的状况和双边合作的范围。团长丹尼斯表示，英国最担心的是日本从中国撤出大量军队南下。因此中国对共同事业的贡献在于全线向日本施加压力。此外，英国还在政治上抬高中国的地位。1941 年，英国照会中国，正式表示愿意战后与中国政府商讨取消在华领事裁判权，交还租界，并根据平等互惠原则修改条约。与此同时，英国的对日政策也逐渐向遏制方向发展。虽然英国在 1940 年 7 月迫于日本的压力关闭对中国抗战具有重要意义的滇缅公路，但在不列颠空战形势渐趋有利之后，于 1940 年 10 月，英国宣布重开滇缅公路，并从这时候起与美国合作逐步对日施加经济压力。1941 年 7 月，日本进驻印度支那南部，英国宣布冻结日本在英资产。鉴于大舰队不可能到远东，而远东的自治领和殖民地对英国的战争努力有极重要的意义，英国着手组建由"威尔士亲王"号和"却敌"号为主力的东方舰队，以实施对日本的威慑。

"一次大战"后，英国一直设想在其远东利益受挑战的情况下派一支大舰队到远东制服对手。20 世纪 30 年代末，在欧洲实力对比发生剧烈变化的背景下，英国实际上已不可能履行这一海军战略。英国海军的远东战略已发生了很大变化。它主要不再由英国来执行而是寄希望于美国海军来实施，它不再具有先前的威慑作用而是纯防御性质。英国在远东的军事地位已变得越来越虚弱。这种虚弱一方面使英国不得不在"维持与中国的友好而与日本关系恶化或以放弃中国为代价获得与日本缓和之间做出选择"③。另一方面，由于海军主力舰队已不可能到达远东，这倒使

①　Peter Lowe, *Great Britain and the Origins of the Pacific War*, Oxford, 1977, p. 211.

②　刘庭华：《中国抗日战争与二战系年要录统计荟萃》，海军出版社 1988 年版，第 294 页。

③　Peter Lowe, *Great Britain and the Origins of the Pacific War*, Oxford, 1977, p. 102.

英国能非常现实地看待日本对英国的威胁，非常现实地看待中国战场对英帝国的意义。而且，由于英国各方面都有求于美国，它在远东的外交活动也不得不跟随美国一起对日本进行一定的遏制。因此这又使它的远东外交政策出现了微妙的变化。英国终于把牵制日本的因素融进了其远东政策之中。虽然这种牵制不是以海军力量的显示或对日经济封锁的形式而是代之以有限援华的形式，但几乎可以说这是自"七·七"事变以来英国远东政策中唯一积极的因素。英国的远东政策出现了这样一种矛盾的情况，当它有能力向远东派一支大舰队或者把这一设想放在战略优先次序前面时，它的外交倾向是想方设法与日本避免冲突；而当它没有这一能力时，它的远东外交反倒出现了一些积极的东西。然而，主客观因素的影响制约了英国战略意图的实现。当英国意识到它的实力已无法同时面对来自东西两方面的挑战，只能被迫收缩防线，集中力量于欧洲时，其远东政策不可能对日本起到什么遏制作用。在相当程度上，英国寄希望于中国的抗战和美国的合作，但英国鉴于本身的实力，对中国的援助总的来说是有限的，军事上的援助则更少。更为重要的是，英国并没有能说服美国派一支大舰队到新加坡。美国一则在法国战败后确立了"先欧后亚"的大战略，准备在太平洋取守势；二则也不愿在世界事务中受英国的指派当一名配角，而是希望在大西洋战场一显身手。因此，美国在大西洋毫无顾忌地设法与德国发生冲突，但在远东并不准备与日开战，而且，即使美国与日本发生冲突，美国军方也认为，新加坡过于遥远。美国设想的是从中太平洋逐步向日本进攻，这自然与英国的战略难以合拍。既然英国难以获得美国在远东军事方面的合作，自身力量又如此有限，一旦日本南下，英国在远东的最后结局也就可想而知了。

　　1941 年 12 月 10 日，英国派往远东的主力舰"威尔士亲王"号被日本空军炸沉。1942 年 2 月 15 日，10 万英军在新加坡向日军缴械。英国在远东的利益受到重大打击。英国在远东的失败，某种程度上预示将来英国将不得不无可奈何地从远东退出。

结　语

　　新加坡陷落的含义是深刻而丰富的。它是一场军事上的灾难，更是一次政治上的失败。从 20 世纪 20 年代起，新加坡基地一直是英国在远东的实力存在的象征。然而，这一象征却被日本轻易地戳破了。英国在远东的声誉一落千丈。

　　英国的这次失败既表现了一种客观局势发展的必然性，也是主观指导上种种失误的结果。20 世纪 30 年代，英国从欧洲经地中海到远东的多种战略全面遇到挑战。能力与义务之间的矛盾使它难以同时兼顾欧洲、地中海与远东。在这种情况下，英国逐渐把注意力集中于欧洲，在某种程度上，这也决定了英国在远东的命运。考察英国 20 世纪 30 年代的远东政策，如果忽视这一点，自然过于片面。但是，如果以历史的必然性予以解释，不注意英国在主观上的失误，又未免过于简单。

　　新加坡的失守反映了过去，也预示着未来。如果说，在 20 世纪 30 年代初期，英国还抱守着最初建造新加坡基地时所赋予其的战略意义，外交上也表现出它仍想充当主宰远东的要角；那么，在 20 世纪 30 年代中期，英国已逐渐把履行新加坡战略的希望和处理远东危机的重任托付给美国。远东在英国大战略中地位的下跌也意味着英国在远东地位的下跌。日本在新加坡对英东方帝国的有力一击标志着英国作为一个海上强国和殖民帝国的衰落，也预示着英国将不得不无可奈何地从远东退出。①

---

① 本章根据发表在《华东师范大学学报》1998 年第 6 期上的《1936—1938 年的英国海军战略和远东政策》和《浙江师范大学学报》1997 年第 4 期上的《“二战”爆发前后英国海军战略与远东政策的演变》两篇论文改写而成。

第 ◇ 三 ◇ 编

中小国家与世界大战的起源

第九章
底图内斯库的大联盟外交

底图内斯库是罗马尼亚历史上唯一一位享有国际声誉的外交家。他在 1932—1936 年出任罗马尼亚外交部部长期间，面对纳粹德国的出现给欧洲和世界带来的战争威胁，和法国外交部部长巴尔都一起，全力以赴地开展强硬的集体安全外交，这在国际社会上引起广泛的注意。本章拟对底图内斯库的大联盟外交作一考察，以此来透视 20 世纪 30 年代中期的国际关系，更全面地理解第二次世界大战的起源。

第一节 底图内斯库对大联盟外交态度的变化

第一次世界大战后，罗马尼亚作为战胜国，获得了它所求的全部。它从匈牙利获取了特兰西瓦尼亚，从保加利亚得到了多布罗加，从俄国收回了比萨拉比亚。这一方面扩大了自己的版图，另一方面又使自己与周边国家发生领土争端。匈、保、苏（俄）三国从不承认罗马尼亚对上述领土的主权，特别是苏（俄）做出了强烈的反应，立即断绝与罗马尼亚的外交关系。

罗马尼亚由于自身力量虚弱，为了保持独立和领土完整，把希望寄托在外交身上。20 世纪 20 年代，罗马尼亚为自己构筑起完整的同盟体系，它和有共同利益的捷克斯洛伐克、南斯拉夫结成小协约国，一致反对匈牙利和保加利亚的修约要求；和波兰结盟，防御苏联。更重要的是，它和法国签署友好与同盟条约，寻得了欧陆最强国的保护。然而，到30年代初，罗马尼亚的处境变得艰难起来。随着德国国内要求修改和约的右翼势力的膨胀，国际局势出现动荡。法国和波兰直接感受到德国的威胁，开始寻求和苏联合作，双方就互不侵犯条约进行谈判。在盟友的推动下，罗马尼亚也与苏联接触，但罗苏谈判因比萨拉比亚问题无法解决而以失败告终，而法、波与苏联的谈判十分顺利。这样，罗马尼亚陷入孤立的地位。正是在这一时候，底图内斯库出任罗马尼亚外交部部长。

底图内斯库生于1882年，早年在巴黎留学，获法学博士学位后回国。他善于交际，口才雄辩，1919年作为罗马尼亚代表团成员出席巴黎和会，开始崭露头角。他积极参与了实现大罗马尼亚梦想的各项谈判，在国内被视作维护民族利益的化身，获得了很高的声誉。巴黎和会之后，他出任驻英公使兼罗马尼亚常驻国联代表。在日内瓦，他的才能得到充分发挥。他经常作为小国的代言人，为小国的利益进行辩护，因此得到各中小国家的推崇；他极力主张维持现存的欧洲秩序，因而也得到英法的欣赏。底图内斯库很快成为欧洲外交界的知名人士，1930—1931年他破例两度出任国联大会主席。

底图内斯库推崇国联，强调集体安全，但在20世纪20年代，他却是坚决的反苏派。作为一个民族主义者，他认为比萨拉比亚属于罗马尼亚是无可置疑的，基于这一考虑，在法、波与苏联就互不侵犯条约进行谈判时，底图内斯库主张顶住各方压力，只要苏联不承认罗马尼亚对比萨拉比亚的主权，就不与苏联就互不侵犯条约进行谈判。由于他的影响力，他的反对直接导致了谈判的失败，然而，在出任外长一职后，国际局势发生深刻变化，德国法西斯上台，欧洲局势剧烈动荡。作为一个现实的外交家，底图内斯库意识到对罗马尼亚最大的威胁来自德国，意识到苏联在维护欧洲安全问题上所能起的作用，从维护罗马尼亚的安全出发，底图内斯库的集体安全政策开始考虑苏联在其中的地位。

第二节　底图内斯库与罗苏关系的初步改善

底图内斯库的集体安全政策包含两方面的内容，一是区域联盟外交；二是大联盟外交。这是底图内斯库为罗马尼亚设计的安全体系，在1930年12月出任外长以后的一年时间内，他迅速加强小协约国的团结，使小协约国采取一致的对外政策。他还通过努力，建立了由罗马尼亚、捷克斯洛伐克、南斯拉夫和希腊参加的巴尔干联盟。底图内斯库的区域外交取得成功，小协约国和巴尔干同盟成为其外交活动的主要依托。但是，底图内斯库清楚地意识到，区域联盟外交不可能保证罗马尼亚的安全，区域联盟必须与大国联系在一起。1934年4月巴尔都出任法国外长，推行联合中小盟国和苏联等大国的集体安全外交，防止德国的扩张，底图内斯库遂成为巴尔都外交最积极的支持者之一。

法国要把苏联纳入欧洲安全体系，底图内斯库需要面对的是如何处理罗、苏关系。罗马尼亚要加入法国设想的大联盟，罗、苏外交关系的建立是必要的一个前提。如果在苏联未承认罗对比萨拉比亚的主权的情况下，建立罗、苏正常外交关系，底图内斯库的外交政策将受到国内许多人的反对。罗马尼亚还有相当一些人担心共产主义对罗产生的威胁，只有苏联做出大的让步方能消除这样的疑虑。而一定要苏联承认罗马尼亚对比萨拉比亚的主权，则有可能使两国关系无法正常化。那样，罗马尼亚将因不能加入法国倡导的欧洲安全体系而陷入孤立。

底图内斯库最初的考虑就是希望苏联做出让步。他期盼苏联为与法国结盟，会愿意付出承认罗马尼亚对比萨拉比亚的主权的代价，罗、苏建交是大可利用的一张牌。但是，苏联的主场并没有按预想的那样出现，相反，罗马尼亚本身受到越来越大的压力。法国要求小协约国与苏联恢复正常的外交关系，为法、苏的接近铺平道路。小协约国内部的捷克斯洛伐克越来越担心德国的威胁，迫切希望把苏联重新引入欧洲的政治舞台，以抵制德国，维持欧洲的力量平衡。小协约国的外交一体化促使捷克不断敦促罗马尼亚抓住时机与苏联恢复外交关系。

1934 年 4 月，法国正式通知罗马尼亚，法国准备与苏联缔结重要的政治协定，即东方公约和法苏双边援助协定①。东方公约是由德国、波兰、捷克斯洛伐克、苏联和波罗的海诸国参加的互助协定；法苏互助条约则使东方公约和洛迦诺公约相挂钩，法国保证东方公约，苏联则成为洛迦诺公约的保证国。底图内斯库不得不反复考虑：在苏联不承认罗对比萨拉比亚主权的情况下，同苏建交的得与失——是因此与苏建交而使自己招致国内更多的批评，还是将苏联引入欧洲安全体系使罗有一个较为安全的大环境？底图内斯底做出让步，他向法国表示，希望小协约国作为整体加入拟议中的东方公约。他从以前的立场后退，不再要求苏联承认罗马尼亚对比萨拉比亚的主权，而是试图让苏联保证绝不以武力夺回比萨拉比亚。

同年 5 月底，在巴尔都的安排下，底图内斯库与李维诺夫在日内瓦就两国关系正常化问题进行会谈。虽然会谈之初，双方的立场几乎是互不侵犯条约谈判时的翻版：底图内斯库要求苏联承诺永远不提起比萨拉比亚；李维诺夫则提出，两国关系可以正常化，但应写上两国存在的领土争端尚未解决。然而，国际局势毕竟已经发生了极大的变化，苏联方面希望尽快与法、捷接近，逐渐看重罗马尼亚的地位。考虑到罗马尼亚是苏联的邻国，是小协约国和巴尔干联盟的主要成员国，同法国有特殊关系，苏联愿意做出一定的让步。李维诺夫向底图内斯库表示，苏联不可能放弃对比萨拉比亚的主权要求，但是，苏联不准备以武力夺取比萨拉比亚，因此，罗马尼亚用不着不放心。李维诺夫最后着重强调，只要罗马尼亚奉行对苏友好的政策，那么苏联将不会提起比萨拉比亚问题；若罗马尼亚奉行对苏不友好的政策，那么，苏联会再次让比萨拉比亚成为两国之间存在的争端②。

1934 年 6 月 9 日，罗苏两国建立了外交关系。

---

① Dov B. Lungu, *Romania and the Great Power*, *1933 – 1940*, London, 1989, p. 52.

② Ibid. , p. 55.

随着罗苏外交关系的建立，底图内斯库成为东方公约最积极的支持者之一。他同巴尔都一样把苏联看作是维护东欧乃至整个欧洲力量平衡的一个重要因素。1934 年 6 月，在底图内斯库和捷克斯洛伐克总统贝奈斯的努力下，小协约国和巴尔干联盟宣布支持东方公约，并支持苏联加入国联。底图内斯库还希望罗马尼亚能加入东方公约。他支持法国与捷克同苏联的接近。他在给国王的电报中写道："罗马尼亚不应该忘记，它的盟国多一分安全对罗马尼亚有同样的意义。"①

东方公约因德、波的反对而宣告失败，法国和苏联按原来的设想准备缔结双边援助协定。1934 年 10 月，巴尔都和南斯拉夫国王亚历山大在马赛遇刺身亡后，法、苏的接近遇到波折。新任法国外长赖伐尔改变了巴尔都政策的重点，把接近苏联转变为争取意大利的支持。对于德国，赖伐尔考虑更多的是和解。对于集体安全，他更感兴趣的是西欧大国的合作而不是与苏联缔结同盟。底图内斯库又面临新的问题。

第三节　底图内斯库对大联盟外交的推动

底图内斯库可谓罗马尼亚的"巴尔都"。他同巴尔都一样，在 20 世纪 20 年代都以强硬的反苏立场著称，而在 20 世纪 30 年代则积极推行联苏抗德的集体安全外交路线。1934 年巴尔都遇刺身亡后，法国外交开始转向，但在底图内斯库的主持下，罗马尼亚外交继续沿着这条路线发展。

底图内斯库不赞成赖伐尔的观点。他认为，意大利无法取代苏联的地位，只要法苏合作，即使没有意大利，法国和它的盟国对德国也占有一定的优势；而把苏联撇在一边，一旦苏联和德国再度取得和解，那对东欧的稳定是极其不利的。1935 年 1 月 7 日，法国和意大利在罗马签署了一项协定，法国在非洲殖民地问题上做出让步，换取意大利在欧洲问

①　I. M. Oprea, *Nicolae Titulescu's Diplomatic Activity*, Bucharest, 1968, p. 94.

题上与法国合作。小协约国担心法国从苏联转向意大利。4 天之后，小协约国在南斯拉夫的卢布尔雅那召开常务理事会会议，三国外长一致认为，"只有在总的、明确的欧洲政策框架内，法罗协定才会产生积极的效果，这样的欧洲政策指的是法国与苏联尽快达成协定，这也是小协约国和巴尔干联盟能发挥作用的一个不可缺少的条件"①。随后在底图内斯库和贝奈斯的安排下，小协约国和巴尔干联盟联合召开常务理事会会议，五国代表宣布，他们认为法苏合作有特别重要的意义。

底图内斯库作为该年度小协约国和巴尔干联盟常务理事会的主席，受小协约国的委托，以罗、南、捷、希、土五国代言人的身份去巴黎做法国的工作，力促法国尽快与苏联签署双边援助协定。底图内斯库向赖伐尔指出，虽然法、苏双边援助协定不能取代东方公约，但是，它对维护欧洲的现状具有重要意义②；底图内斯库向法国发出警告，假如法国不与苏联合作，那么，罗马尼亚与其他东欧小国将落入德国的影响圈，东欧小国为了保护自己将跟随德国而不再跟随法国。

在盟国的敦促下，赖伐尔于 1935 年 1 月 20 日就双边互助协定向李维诺夫作了具体的表示。3 月末，法国着手准备法苏双边援助协定的草案，按照底图内斯库给罗马尼亚政府的报告，他参与了这一准备的过程。3 月31 日，底图内斯库一整天都在法国外交部，连续几十小时与赖伐尔、莱热举行会谈，商讨法苏双边援助协定的草案③。

1935 年 5 月 2 日，法、苏签署了双边援助条约，赖伐尔抱怨说，是小协约国把他推入苏联的怀抱④。但底图内斯库对法苏条约作了极高的评价。他对 5 月 10 日访问布加勒斯特的法国前外长保罗·邦库尔说："双边援助条约的签订将对欧洲的和平结构产生良好的影响……它将成为今后欧洲完全组织的基础。"⑤ 他认为，只有法、苏开展坚定的合作，小协

①　Eliza Campus, *The Little Entente and the Balkan Alliance*, Bucharest, 1978, p. 93.

②　Ibid., p. 94.

③　Ibid., pp. 95, 96.

④　Dov B. Lungu, *Romania and the Great Power, 1933-1940*, London, 1989, p. 59.

⑤　I. M. Oprea, *Nicolae Titulescu's Diplomatic Activity*, Bucharest, 1968, p. 95.

约国和巴尔干联盟才能在国际事务中发挥更大的作用，小协约国也更方便与苏联进行合作，从而更好地保证东欧的安全。正是从这一考虑出发，底图内斯库对捷、苏双边援助协定的签署也表示积极欢迎，并考虑如何进一步发展罗、苏关系。

法苏、捷苏双边互助条约签署后，底图内斯库着重考虑罗马尼亚在法、捷、苏合作中的地位。由于苏德之间没有共同边界，苏联要援助法国和捷克必须经过波兰或罗马尼亚领土。波兰在1934年1月与德国签署互不侵犯条约后，不再信奉联盟外交，而倾向于在大国间维持平衡，波兰不可能答应让苏军过境，这样，对联盟外交持积极态度的罗马尼亚，在法、捷、苏合作体系中的地位开始上升。

底图内斯库认为，苏德之间没有共同的边界，这无疑使法苏、捷苏合作缺少足够的威慑力，如果罗马尼亚能成为其间的桥梁，那么，欧洲现状的稳定就有了足够的保证，而能做到这一点，底图内斯库在国内的地位也就能得到巩固。但是，允许苏军过境对罗马尼亚来说是一个敏感的问题。历史上，俄国多次以武力夺取比萨拉比亚。罗苏建交后，虽然苏联承诺不提起比萨拉比亚问题，但是，罗仍担心一旦苏联有机会特别是假如允许苏联红军出现在罗领土上，苏联很可能再次获取比萨拉比亚。底图内斯库还有更深一层的担心，假如国际局势极度恶化，以至爆发战争，苏联可能即使不经罗马尼亚同意也会令红军过境。如果那样，罗马尼亚还不如趁早与苏联缔结双边援助协定，使苏联承诺红军过境需经罗政府同意，并应在罗政府要求下，从罗领土上撤出[①]。

1935年6月，底图内斯库正式向罗国王卡罗尔和罗政府提出，希望与李维诺夫就双边互助条约进行谈判。卡罗尔国王担心，与苏联的合作会引起共产主义在罗公众中进一步传播；卡罗尔国王也担心盟国的反应。波兰支持罗马尼亚与苏联改善关系，但坚决反对罗、苏关系发展到结盟的地步。最后，国王还担心德国的态度，德国始终以极憎恨的态度注视

---

① Dov B. Lungu, *Romania and the Great Power, 1933－1940*, London, 1989, p.61.

着罗苏的接近。各方面的因素使国王反对底图内斯库的建议①。一方面底图内斯库反复向卡罗尔国王强调，罗马尼亚军事力量的虚弱使自己无力抑制修约主义国家的野心，罗马尼亚要维护自己的利益，唯一的选择是跟随法国一起与苏联结盟，另一方面，底图内斯库向法国寻求帮助，试图借外力压迫国王让步。

对罗、苏的接近，法国的军方及对德强硬派代表持欢迎态度。他们认为，由于波兰政策的转变，罗马尼亚的地位凸显，一旦法、捷与德交战，罗马尼亚可以成为捷克较理想的后方和退守之地；若捷克未能顶住德军的进攻，它可以向罗马尼亚境内撤退，并在那里得到苏联及时的援助，因此，他们认为应鼓励罗马尼亚与苏联结盟②。新任法国总理赖伐尔则不愿迈出这一步。在赖伐尔看来，他已经对小协约国作了相当的让步，与苏联签署了双边援助协定，要他向罗马尼亚国王施加压力使之同意与苏联结盟是不可能的。

按照底图内斯库的回忆，他从英国获得了帮助。但据罗马尼亚史专家 B. 兰格考证，英国没有给予具体的承诺，而是底图内斯库利用卡罗尔看重英国的心理，夸大英国对他的支持，以使卡罗尔国王同意与苏联就双边援助条约进行谈判③。

在得到卡罗尔国王和罗马尼亚政府的授权之后，1935 年 9 月，底图内斯库与李维诺夫在日内瓦举行会谈。底图内斯库向李维诺夫提出，罗、苏缔结双边援助协定应该是法苏、捷苏缔约后自然的结果。底图内斯库提出罗马尼亚方的要求：第一，苏联应保证罗马尼亚的民族独立和领土完整，希望苏联在比萨拉比亚问题上作出更大的让步；第二，罗苏条约不应只特别针对一个侵略者，不应像法苏、捷苏条约那样暗示德国为侵略者，而是针对所有侵略者④。按照底图内斯库的想法，罗苏结盟不仅针

①　I. M. Oprea, *Nicolae Titulescu's Diplomatic Activity*, Bucharest, 1968, p. 97.

②　Dov B. Lungu, *Romania and the Great Power*, *1933–1940*, London, 1989, p. 62.

③　Ibid. , pp. 62, 63.

④　I. M. Oprea, *Nicolae Titulescu's Diplomatic Activity*, Bucharest, 1968, p. 98.

对大的修约主义国家，还针对匈、保一类小的要求修约的国家。李维诺夫起初拒绝底图内斯库的建议，他认为，罗、苏之间的援助缺乏相互性。首先，假如苏联受到入侵，罗马尼亚对苏联的帮助甚少；其次，从地理位置上看，罗马尼亚肯定先于苏联受到德国的进攻，苏联不得不先承担对罗马尼亚的援助义务①。李维诺夫向底图内斯库提出问题说：假如苏联和波兰发生战争，罗马尼亚将站在苏联一边？鉴于罗、波订有盟约，苏联希望罗马尼亚彻底拆散这一反苏的联盟。对于苏联的这一要求，底图内斯库坚决拒绝。李维诺夫认为罗马尼亚的方案只对罗马尼亚有利。底图内斯库则暗示，若苏联不能保证罗马尼亚的安全，罗马尼亚将很可能成为德国的卫星国。

1935 年 10 月初，底图内斯库继续与李维诺夫就罗、苏结盟问题交换意见，双方的分歧点仍然是原来的三个方面。但由于法国议会对法苏条约的争议极大，法、苏条约迟迟未能批准，苏联准备对罗马尼亚做出让步，同意将对罗马尼亚的援助扩展为反对所有的侵略者；作为交换，罗马尼亚也同意假如波兰进攻苏联，罗马尼亚将援助苏联，但苏联拒绝在比萨拉比亚问题上再作让步，李维诺夫称，让苏联承认罗对比萨拉比亚的主权是根本不可能的。

由于法国尚未批准法、苏双边援助条约，罗、苏双方都不准备走得太远。对于国内外关于罗、苏正就结盟进行谈判的传言，双方均作了公开的否定，但底图内斯库同时声明，只有通过与苏联建立友好和双边信任关系，罗马尼亚才能更好地维护自己的利益②。

第四节　底图内斯库的最后努力

1935 年 10 月，意大利入侵埃塞俄比亚，集体安全第一次受到严重冲

---

① I. M. Oprea, *Nicolae Titulescu's Diplomatic Activity*, Bucharest, 1968, pp. 98, 99.

② Eugene Boia, *Romania's Diplomatic Relations with Yugoslavia in the Interwar Period*, *1919 – 1941*, New York, 1992, p. 206.

击。底图内斯库在意埃边境危机时，就预料到国联若不能解决意埃危机，那将对小国产生灾难性的影响，他告诫英国外交大臣塞缪尔·霍尔，如果集体安全失败，小国将失去赖以生存的基础，条约、协定和保证将被视作废纸。

罗马尼亚积极推动并加入国联对意大利的制裁。小国的命运是相通的。底图内斯库向英法表示，如果国联决意要使制裁取得成功，罗马尼亚愿意加入对意大利的石油禁运，当时意大利石油进口中的60%来自罗马尼亚。但他的建议并未被英、法采纳，集体安全以失败告终，这对底图内斯库是个严重打击。不过他仍聊以自慰，埃塞俄比亚毕竟是个孤立的非洲国家，而罗马尼亚有完整的同盟体系，埃塞俄比亚那样的命运大概不会落到自己头上。然而，1936年3月的莱茵兰事件，却给集体安全政策和底图内斯库个人的命运以致命一击。

莱茵兰事件与埃塞俄比亚危机不同。如果说埃塞俄比亚危机仅仅涉及东非的殖民地问题，并未构成对凡尔赛体系的严重威胁。那么，莱茵兰事件却直接触动了欧洲现存秩序的根基。纳粹德国公然违反凡尔赛和约与洛迦诺公约的规定，出兵莱茵兰非军事区，对法国的国家安全构成了直接威胁。底图内斯库原以为法国会迅速在法德边境陈兵，并对德国实施更严厉的经济制裁，但法国毫无作为。法国继在逐渐失去对德国的军事优势后，又失去了地缘政治上的优势，其国际威望一落千丈。罗马尼亚对法国的传统信赖开始削弱。这是底图内斯库20世纪30年代谋求集体安全路线所遭受的最严重的打击。他向法国发出疑问："你们在3月7日（即纳粹德国进兵莱茵兰之日）不能防卫自己，我们能指望你们帮助我们反对侵略者？"①

埃塞俄比亚危机和莱茵兰事件也使东欧的各个小国唯求自保。底图内斯库不再拥有反《四国协定》时小协约国强有力的支持，也不再拥有迫使赖伐尔签署法苏互助协定时五国代表的身份，土、希、南都表示在

---

① Anthony Tihamer Komjathy, *The Crises of France's East Central European Diplomacy*, *1933 – 1938*, New York, 1976, p. 159.

大国冲突中将保持中立，只剩下捷克斯洛伐克仍是底图内斯库推行集体
安全政策的忠实盟友。

在这种局势下，底图内斯库力图从两个方面来挽救集体安全。一是
提出小协约国作为一个整体迅速与法国正式结盟。这不失为一个明智的
建议，但法国急于寻求英国的合作，担心自己承担东欧的义务引起英国
反感，因此反应迟缓；小协约国内部对此也有分歧，最后决定将此建议
推迟到 1936 年 9 月的小协约国会议上进行讨论。二是重新与苏联恢复结
盟谈判，试图通过加强与苏联的合作来维护罗马尼亚的安全，并巩固自
己在国内的地位。

在这一时期，罗、苏两国在国际问题上有诸多共同点。底图内斯库
在国联就埃塞俄比亚危机发表的演讲，得到李维诺夫的高度评价；李维
诺夫在国联就莱茵兰危机发表的演讲也给底图内斯库留下深刻印象。李
维诺夫反复向国际社会呼吁遵守国际法，尊重各国的主权和领土完整。
这一切使底图内斯库越来越把苏联看作是维护欧洲安全的重要支柱。

1936 年 6 月—7 月，应土耳其的要求，英、法、苏、罗等国在瑞士
的蒙特勒举行会议，讨论修改洛桑条约中的关于黑海海峡问题的条款。
这次会议为罗苏两国就双边援助条约的谈判提供了一个良好的机会。在
蒙特勒会议上，罗马尼亚对苏联作了友好的表示。当时苏联建议，若
土耳其在战时保持中立，当德国舰队接近里海时，土耳其应当允许为
履行援助罗马尼亚和苏联义务的法国舰队通过海峡。英国为了绥靖德
国，表示不应歧视德国舰队。底图内斯库不惜得罪英国而坚决支持了
李维诺夫的建议。

然而，底图内斯库的对苏政策遭到国内越来越激烈的反对。其中直
接影响罗苏谈判的是铁卫团在罗国内的活动。德、意法西斯在欧洲的得
势，使铁卫团在罗马尼亚的力量迅速增强。1936 年夏，铁卫团和罗马尼
亚国内的左翼发生冲突，罗马尼亚政府对左翼采取严厉的镇压措施。铁
卫团举行一系列游行活动，反对罗马尼亚与苏联合作，并直接攻击李维
诺夫的犹太人身份。铁卫团在罗力量的上升和罗政府对它的宽容不能不

引起苏联的注意。

　　与此同时，苏联对与罗马尼亚缔结互助条约的兴趣也有所减少。有几个方面的原因使苏军通过罗马尼亚的问题显得不那么重要。第一，法、苏双边援助协定仍没有军事方面的安排；第二，苏联怀疑法国是否准备履行援助捷克斯洛伐克的义务；第三，在苏联看来，罗马尼亚是否允许苏军过境对苏联援助捷克斯洛伐克而言，并不是一个不可克服的障碍。李维诺夫在 1936 年春告诉捷克斯洛伐克，不论是否与罗达成协定，苏联在必要的情况下将通过罗领土①。

　　苏联关心的是德国的影响在罗马尼亚日益扩大及罗国内法西斯力量的增强。在底图内斯库与李维诺夫就双边援助条约进行初步的讨论之后，李维诺夫向底图内斯库指出，罗马尼亚处在法西斯化的边缘，其外交政策很可能会疏远苏联。李维诺夫对苏罗双方最后是否能缔约也表示怀疑。底图内斯库认为李维诺夫对罗国内情况的了解有误，夸大了罗马尼亚国内的局势的严重性。他向李维诺夫表示，极右势力只代表罗马尼亚国内的小部分人利益，不可能对罗马尼亚的外交政策产生多大影响，罗马尼亚将坚定地继续保持对法国的传统政策，保持与苏联的友好关系。如果罗马尼亚将实行亲德的政策，那就很难理解为什么他本人一直致力于与苏联缔结双边援助协定。底图内斯库的解释并没有打消李维诺夫的疑虑。李维诺夫认为底图内斯库在国内已缺少支持，对他签署条约的价值表示怀疑。李维诺夫进一步暗示，一旦罗政策有变，苏联将改变在比萨拉比亚问题上的态度，"为了改善苏联的防御，苏联将采取你们所知道的行动"②。生性高傲的底图内斯库对李维诺夫的态度极为不满，但他也意识到自己在国内的困境。

　　1936 年 7 月初，底图内斯库突然从蒙特勒返回布加勒斯特，向罗马尼亚国王和政府提出辞职。他显然感到自己的对苏政策受到了国内右翼势力的极大攻击。早在 6 月末，他曾经给卡罗尔国王写过一封信，表示：

---

① Dov B. Lungu, *Romania and the Great Power*, *1933 - 1940*, London, 1989, p. 77.

② Ibid., p. 78.

"我极为伤感，在我执行外交任务的生涯中，第一次我坦率地问我自己，我是否能继续下去，我反复考虑四年来我为之努力的对苏政策"①。底图内斯库的辞职未被接受，这使他以为可以用辞职来强使罗马尼亚政府接受自己的意志。他提出自己留任的条件：罗马尼亚政府官方声明支持底图内斯库的外交政策，并将这一点明确写下来，以免今后再就此问题发生争执。7 月 14 日，罗马尼亚政府要员和底图内斯库一起就今后罗马尼亚的外交政策签署了一份文件，文件中规定，罗马尼亚外交政策的主要目标是继续努力使法国和小协约国缔结同盟反对一切侵略。至于罗马尼亚的对苏联政策，文件强调底图内斯库继续拥有 1935 年 7 月罗马尼亚政府所授予他的与苏联缔约的全权。鉴于国内外传言底图内斯库的外交政策缺乏支持，基本上是个人的外交，文件提到，罗马尼亚政府将发表声明，完全同意底图内斯库的外交政策，底图内斯库的外交政策与政府一致，与国会一致，并符合罗马尼亚的利益②。第二天，罗马尼亚政府就此发表了有关的官方声明。

新获得与苏联缔约的全权后，底图内斯库返回蒙特勒。他这一次感到有信心，"我可以给李维诺夫留下这样的印象，我有权力与苏联缔约"③。然而，底图内斯库与李维诺夫就双边援助条约进行谈判，这一举措在国际上和罗马尼亚国内都曲高和寡。随着埃塞俄比亚事件和莱茵兰事件的冲击，欧洲国际局势进一步恶化，英法绥靖政策进一步发展，作为一个东欧小国的罗马尼亚，也就难以沿着这条联苏抗德的集体安全路线再走下去。

1936 年 7 月 21 日，罗苏就双边援助条约再次进行会谈，李维诺夫对底图内斯库在国内获得的支持印象颇深，他对底图内斯库表示："这一次，我看到罗马尼亚不仅仅是你一个坚持与苏联缔结双边援助条约。"④

①　I. M. Oprea, *Nicolae Titulescu's Diplomatic Activity*, Bucharest, 1968, pp. 103 – 104.

②　Ibid. , p. 104.

③　Ibid. , p. 105.

④　Ibid.

双方会谈进展顺利，在主要问题上达成一致，李维诺夫建议双方在9月份即两国外长出席日内瓦国联会议时正式签署。李维诺夫同时建议底图内斯库不要把翻译好的条约文本传到罗马尼亚国内，以防泄露，被太多的人知道。底图内斯库接受李维诺夫的建议。

罗苏双边条约的主要内容有三个方面，第一，条约规定双方相互提供援助，反对一切侵略者，这不同于法苏、法捷条约专门针对德国。苏联承诺，若罗马尼亚受到德国、匈牙利或保加利亚的侵略，苏联将对罗马尼亚提供援助，鉴于苏联一直支持匈牙利、保加利亚对罗马尼亚的领土要求，这是苏联对罗马尼亚做出的一大让步。第二，条约规定苏军应在罗马尼亚政府的邀请下进入罗马尼亚领土并应在罗马尼亚政府的要求下撤离。底图内斯库在过境权问题上作了让步，但同时也得到保证，苏军过境问题的主动权在罗马尼亚手里。第三，关于比萨拉比亚问题，底图内斯库希望苏联能明确承认罗马尼亚对比萨拉比亚的主权，李维诺夫反对。因此，条约对此仍只是作了双方都可以解释的规定。只要罗马尼亚推行对苏友好的政策，苏联允许罗马尼亚继续控制比萨拉比亚。

底图内斯库基本取得他所希望得到的，唯一遗憾的是在比萨拉比亚问题上未得到苏联更大的让步。如果能得到苏联承认罗对比萨拉比亚的主权，无疑会巩固底图内斯库在国内的地位；而在未能得到这一让步的情况下与苏联合作，无疑会进一步削弱底图内斯库在国内的地位。对李维诺夫而言，让步也只能止此，苏联不愿放弃对比萨拉比亚的要求，希望以此来影响罗马尼亚的对外政策，使罗马尼亚保持对苏联的友好。而一旦放弃对比萨拉比亚的要求，苏联就会失去影响罗马尼亚政策的主要杠杆。

在和李维诺夫约好双方在9月份的日内瓦国联会议时正式签署条约之后，底图内斯库未回罗马尼亚向罗政府汇报谈判情况，而是直接去了法国，与法国方面讨论小协约国和法国结盟事宜。8月末，罗马尼亚政府通知底图内斯库，内阁已经辞职，新政府即将形成，新组成的政府人员依旧，唯一的例外是底图内斯库不再担任外长一职。

结　语

底图内斯库在 1932 年 10 月就任罗马尼亚外长，到 1936 年 8 月 29 日去职。在这 4 年里，纳粹德国崛起，欧洲的力量平衡发生变化，凡尔赛体系开始被打破。法国和苏联推行的集体安全达到顶峰后走向终结。底图内斯库积极推行集体安全政策，把罗马尼亚的命运与集体安全紧密地联系在一起，在依靠法国的基础上加强与苏联的合作，在欧洲外交舞台上取得了一般小国外长所无法取得的成就，其影响远远超出了罗马尼亚一国。底图内斯库的名字，同法国的巴尔都一样，成了当时欧洲集体安全的代名词。底图内斯库的去职，标志着罗马尼亚外交政策一个时代的结束。[①]

---

① 本章原载《华东师范大学学报》2000 年第 3 期。

第十章

第二次世界大战前罗马尼亚的平衡外交

第二次世界大战爆发前，东欧出现一个奇特的现象，面对德国的威胁，原本亲英法的各中小国家不是通过结盟来维持自己的生存，而是以孤立求自保；它们在处理与大国关系时，愿意接受大国单方面给予的安全保证，但不愿与大国结盟以得罪另一方（波兰是在即将面临德国入侵的情况下与英法结盟），希望尽可能在大国间保持平衡。在这方面，罗马尼亚有一定的典型性。有关20世纪30年代欧洲国际关系的研究，学者们往往关注那些左右国际局势变动的大国，很少注意小国在国际关系中的地位，因而学术界对罗马尼亚战前外交的研究相对较为薄弱。有鉴于此，本章试对罗马尼亚的战前外交作一考察。

第一节　走向罗德经济合作

第一次世界大战结束后，罗马尼亚的领土要求基本上得到满足，实现了大罗马尼亚的梦想，维持现状成为两次世界大战之间罗马尼亚外交政策的核心。20世纪30年代前期，罗马尼亚推行以遏制德国为目标的集体安全外交；30年代中期开始，罗马尼亚的外交政策作了调整，注意改善与德国的关系，但总的来说是亲英法，与德国保持一定的距离，罗德关系没有实质性的变化。

慕尼黑会议对罗马尼亚是一大打击，最可靠的盟友捷克斯洛伐克被肢解，德国控制了中欧，这几乎动摇了罗马尼亚外交政策的基础。在慕尼黑会议前，罗马尼亚国内只有少数人认为英法不值得依赖，在慕尼黑会议后，这种怀疑的情绪已在罗马尼亚政界弥漫开来，它担心"下一个可能要轮到自己了"①。因与周边的苏联、保加利亚和匈牙利都有领土争端，且国内也有法西斯组织即铁卫团，罗马尼亚准备加大力度改善与德国的关系。

就是在这一背景下，加芬库出任罗马尼亚外长。加芬库在1932年曾出任外交部秘书长，他一直是集体安全外交的批评者，主张在大国间推行维持平衡的政策。慕尼黑会议后，加芬库建议与德国发展良好的关系，这一想法与罗马尼亚国王卡罗尔的想法相符合，因此，卡罗尔任命他来负责改善罗、德关系的任务。② 卡罗尔和加芬库两人就德国对罗马尼亚的意图作了分析。他们认为，德国的下一个目标不可能是占领罗马尼亚，而只是凭借其有利的地位和罗马尼亚与周边国家的领土争端，从罗马尼亚获取政治和经济上的重大让步。罗马尼亚方面应与德国就经济合作进行谈判，以经济上的让步来打动德国，换取德国保证罗马尼亚的领土完整和对卡罗尔统治的支持。加芬库建议，在事关直接影响罗马尼亚独立的方面要坚决顶住，同时不反对在互惠的基础上对德国作一些让步。

1939年2月13日，罗、德双方在布加勒斯特就经济合作进行谈判。罗马尼亚方面向德国谈判代表沃尔塔特提交了一份双方经济合作方案的提纲，并称这个方案的目的在于使德国能够得到"1914年前德国在罗马尼亚的经济中的优势地位"③。

但是，德国要的不仅是优势，还有罗马尼亚经济完全依附于德国。沃尔塔特提出一个两国全面合作的建议，该建议使德国对罗马尼亚经济

---

① *Documents on German Foreign Policy*, *1918 – 1945*, Series D, Vol. 5, Washington, 1953, No. 239.

② Keith Hitchins, *Rumania*, *1866 – 1947*, London: Clarendon Press, 1994, p. 441.

③ *Documents on German Foreign Policy*, *1918 – 1945*, Series D, Vol. 5, Washington, 1953, No. 293.

所有方面的发展负责，包括罗马尼亚的农业生产服从于德国的需要，德国对罗马尼亚的石油工业进行投资，开发罗马尼亚的矿产资源，德国将帮助罗马尼亚重整军备等等，但建议只字不提罗马尼亚感兴趣的领土保证。沃尔塔特认为，如果这些目标能在谈判中达到，那么，两国之间如此密切的经济关系，将使罗马尼亚逐渐从西方大国的影响中摆脱出来①，罗德关系将发生很大的变化。

罗马尼亚对沃尔塔特计划中所含的对其政治、经济的控制感到担心。它提出了反建议，除经济方面防止受德国控制外，还提出两个政治要求：一是德国对罗马尼亚的领土完整作明确的保证；二是德国要完全支持卡罗尔的统治。罗马尼亚希望它的条件能被德国接受②。

德国并不准备同罗马尼亚讨价还价。在慕尼黑会议后，德国进一步对罗马尼亚施压，要求罗马尼亚在经济上密切与德国的关系，并在政治上倾向德国一边。德国不想对罗马尼亚的领土完整进行保证，因为这将使德国失去一个对匈牙利、罗马尼亚施加影响的重要杠杆，德国对待匈、罗关系的方针是"把铁置于火上"③，以从中取利。德国更不想介入罗马尼亚与其他周边国家的领土争端；支持卡罗尔统治、抛弃铁卫团也是希特勒所反对的。德国外交部给其谈判代表沃尔塔特的指令非常明确："以这样一种方法指导谈判，没有政治义务，最大限度地获取经济上让步。"④

会谈中罗马尼亚准备以经济合作为突破口，来改善与德国的关系，并在政治上得到一定的回报。就当时的局势而言，这一选择无疑有一定的合理性，经济上的让步也是罗马尼亚唯一能够打动德国的筹码。但是，德国已在东欧占据了相当的优势，罗马尼亚经济上的让步能得到什

---

① *Documents on German Foreign Policy，1918 – 1945*，Series D，Vol. 5，Washington，1953，No. 293.

② Dov. B. Lung，*Romania and the Great Power，1933 – 1940*，London，1989，p. 150.

③ *Documents on German Foreign Policy，1918 – 1945*，Series D，Vol. 5，Washington，1953，No. 254.

④ Ibid.，No. 294.

么完全取决于德国的态度。假如德国只要经济上的让步，不给予罗马尼亚任何政治上的承诺，罗马尼亚没有任何相应的手段来应对。因此，双方的谈判陷入僵局。

第二节　"蒂列亚事件"与罗德经济协定的签署

1939 年 3 月 10 日，沃尔塔特回到布加勒斯特，罗、德经济谈判重新开始。3 月 15 日，德国军队进入布拉格，当时的国际舆论猜测德国的下一个目标是罗马尼亚。罗马尼亚骤然面临强大的压力，它决定在经济上做出让步，以防止德国公开支持匈牙利。

3 月 16 日，罗马尼亚原则上同意沃尔塔特提出的条约草案。但在对德让步之前，罗马尼亚决定向英、法发出警告并请求帮助。加芬库的设想是，如果英法能给予罗马尼亚强有力的支持，那么，罗马尼亚就可以在与德国的谈判中做出较少的让步；如果英法不能给予明确的支持，罗马尼亚可以向英法表明，它是被迫与德国签署经济协定的，从而取得英法的理解。3 月 16 日，外长加芬库询问英、法驻罗公使："英、法政府是否愿意以最合适的方式表明他们希望保持对东欧的发言权"，如果英、法放弃对东南欧的责任，不愿做这一姿态，那么，罗马尼亚将像它的邻国一样，别无选择，只有倒向德国①。加芬库同时指示罗马尼亚驻巴黎和伦敦的公使，要他们提请所在国注意这一问题。正是这一指令导致了"蒂列亚事件"②的发生，"蒂列亚事件"使罗德经济谈判成为世人瞩目的焦点。

对蒂列亚超出指令范围的行为，国外学术界有多种看法。有人认为是蒂列亚受英国强硬派范西塔特等人的怂恿；有人认为蒂列亚纯粹是为了个人的利益；有人认为蒂列亚是根据罗马尼亚政府或根据卡罗尔国王

---

①　Dov B. Lungu, *Romania and the Great Power, 1933 – 1940*, London, 1989, pp. 153, 154.

②　1939 年 3 月 17 日，罗马尼亚驻英公使蒂列亚通知英国政府——罗马尼亚收到德国的最后通牒，并询问一旦罗受到攻击能否得到英国的援助。后来，罗政府又否认有德国最后通牒一事。

的指令①。

　　笔者认为，蒂列亚事件不可能是由于个人因素或是蒂列亚受范西塔特的指使而引起。若如此，事件之后，蒂列亚应该受到处罚。但是，蒂列亚在事情发生后，仍然任驻英公使，并继续要求罗马尼亚政府实行明确的亲英法政策。这表明，蒂列亚得到罗马尼亚国内一些重要人物的支持。

　　蒂列亚事件引起了西方大国对罗马尼亚的注意。连同德国3月15日的行动，人们关注罗马尼亚的命运，罗马尼亚被推到了前台。在英法关注罗德经济谈判，英法对德政策也在3月15日以后开始由绥靖转向遏制的情况下，各相关国家密切关注着罗马尼亚是否准备依靠英法坚决抵制德国在经济方面的要求，甚至像蒂列亚建议的那样，与英法结盟。

　　虽然罗马尼亚政府的主要领导人大多亲英、法，但他们认为，罗马尼亚应该谨慎对待出现在面前的机会②。第一，若罗马尼亚与英、法结盟，德国将视之为挑衅的政策，由于罗马尼亚自身的虚弱以及不能确定得到英、法的援助，这样的政策将会迅速导致德国与匈牙利一起对罗马尼亚采取侵略行动；第二，由于罗马尼亚与英、法相隔遥远，且罗马尼亚本身力量弱小，与英法谈判双边互助协定将不可避免地牵涉苏联问题。罗马尼亚在战争爆发前就设想过与苏联的合作是不可能的，认为那将会刺激德国，损害罗马尼亚与南斯拉夫、波兰的关系，并不会为国内公众所接受；第三，英法要干预东南欧，抵制德国的影响，能力是否能达到、愿望是否能实现都还需要一定的时间，罗马尼亚能得到英、法多少切实的援助还是一个未知数。

　　1939年3月20日，罗马尼亚政府决定在罗德经济谈判中对德国让步，加芬库认为，即使付出较高的代价，从短期来看，这也是保持罗马尼亚领土完整和罗马尼亚政治体制的最好方式。3月23日，罗德经济协定签订。

---

①　Simon Newman, *March 1939: The British Guarantee to Poland: A Study in the Continuity of British Foreign Policy*, Oxford, 1976, pp. 113 – 118.

②　Dov B. Lungu, *Romania and the Great Power, 1933 – 1940*, London, 1989, p. 158.

根据协定，罗马尼亚的农业生产服从于德国的需要，德国对罗马尼亚的石油工业进行投资，德国将帮助罗马尼亚重整军备，罗马尼亚工业的发展要与德国全面合作并尊重德国的利益。

条约对德国而言，无疑是一次胜利，为其进一步向罗马尼亚进行渗透创造了条件。此外，德国向东南欧各国显示了自己在这一地区的优势，向它们表明，它们的未来依赖于与德国的合作。但是，罗马尼亚也抵制了德国的一些强硬要求。条约规定任何进一步的经济合作，既要考虑德国的要求，也要考虑罗马尼亚的国内需要。这使罗马尼亚可以做出对己有利的解释。虽然罗马尼亚在石油工业方面作了让步，但这种让步对德国而言不会立即见诸实效。因此，条约是否成为罗马尼亚被德国控制的第一步，仍取决于英法是否准备以及在多大程度上准备抵制德国对罗马尼亚的压力，取决于大国在东南欧的力量平衡。

第三节　寻求英法的安全保障

在与德国达成经济协定后，罗马尼亚着手寻求英法进一步介入东欧，试图为自己创造出这样一个环境：英法不但在政治上、军事上，而且在经济上介入东欧，英法与德国在东欧形成某种均势。在这样的环境下，罗马尼亚不加入任何一方来反对另一方，而是持不结盟立场。罗马尼亚孱弱的军事力量使它不希望一开始就介入冲突。

从英国来看，一方面英国不可能直接给罗马尼亚以军事援助，但另一方面英国又不可能弃罗马尼亚于不顾，英国总参谋部认为"如果德国控制了罗马尼亚，那么英的经济战将不会使德国受任何损害，而经济战是英国战略中的一个重要组成部分"[1]。英国提出的设想是，先由英、法、波、罗组成防御体系，苏联在以后再加入。假如罗马尼亚受到德国直接或间接的侵略，英、法、波将予以援助，条件是罗马尼亚将抵抗对其独

---

① Simon Newman, *March 1939：The British Guarantee to Poland：A Study in the Continuity of British Foreign Policy*, Oxford, 1976, p.118.

立的威胁，同时英法希望罗、波签订双边援助协定，将罗、波同盟从针对苏联转变为针对一切侵略者。

波兰不喜欢英国的设想。波兰外长贝克认为，罗马尼亚弱小，且被匈、保威胁，不可能帮助波反对德国。波兰只愿意出面和英法一起调解罗匈矛盾，不愿承担超出 1921 年波罗联盟所规定的义务。英法能对波兰施加压力的唯一方法，是把波兰对罗马尼亚的援助作为英法保证援助波兰的先决条件，但 3 月 31 日，英国却又匆忙地对波兰作了单方面的保证。

罗马尼亚的想法又有所不同，它一方面认为英法的计划是合理的，但另一方面极力反对英法把针对苏联的罗波同盟转为反对一切侵略者的要求。在英法驻罗马尼亚公使向罗马尼亚递交关于英法计划的电函后，加芬库在 3 月 31 日的一份照会中，对英法的计划表示了很大的保留态度。第一，加芬库对波兰是否将同意帮助罗马尼亚反对匈牙利表示怀疑；"波兰因为相信在任何情况下，对罗马尼亚的进攻的最初阶段显然是匈牙利而不是德国，波兰不愿得罪它的匈牙利朋友"。第二，加芬库表示对波政策不信任，加芬库称：他担心波与德国可能进行谈判，若德国与此同时与西方大国交战，波不会介入。第三，加芬库进一步询问罗马尼亚获得土耳其、希腊帮助的可能性，因为没有这样的援助，罗马尼亚可能会轻易成为保加利亚、匈牙利的猎物①。

加芬库的论点不无根据，其中有实际的考虑，但更由于他反对罗马尼亚成为对德国包围圈中的一员。加芬库担心，波罗联盟从针对苏联转向反对一切侵略者的变化太明显地针对德国，德国会视之为试图包围它的联盟。罗马尼亚希望得到的是英法主动给罗马尼亚的单方面保证。早在 3 月 20 日，罗马尼亚就希望英法以精确的措辞声明，"他们将不会允许边界的进一步变化，将支持那些用他们的全部军事力量防卫自己的国家"②。随着局势的发展，罗马尼亚更是明确声明："罗马尼亚避免采取被

---

① *Documents on British Foreign Policy*, *1919 – 1939*, Third Series：1938 – 1939, Vol. 4, London, 1951, No. 587.

② Dov. B. Lungu, *Romania and the Great Power*, *1933 – 1940*, London, 1989, p. 158.

看作是挑衅的政策，否则，会加速德国政治、军事行动的步调，而我们同西方大国一起则处在不利的和未完全准备的防御状态"。罗马尼亚要求，"西方大国采取主动，以精确的形式宣布他们将不承认边界的新变化，将以他们的全部军事力量帮助我们防卫我们的边界"①。罗马尼亚认为，这样的保证将会提高其抵抗侵略的地位，同时不会影响罗德关系，罗马尼亚可以对德国表示，它准备接受任何国家对其边界的保证。

罗马尼亚希望获得英国对波兰同样的保证，并不必与波兰联结在一起。加芬库提出，英法应平等对待波兰和罗马尼亚，无条件地给罗马尼亚以保证。罗马尼亚希望在战争之初能保持中立，在情况得到改善时宣布与英法结盟，英国不要在对罗马尼亚的保证上附加将使罗马尼亚在战争之初无法保持中立的条件②。由于罗波各自利益和处境的不同，英法无法使波罗两国相互保证，英国的计划不可能实现。而随着 1939 年 4 月 7 日意大利入侵阿尔巴尼亚，英国更关注希腊的命运，把视点转向其军事战略的重点——地中海。在英国的战略考虑中，希腊的地位远甚于罗马尼亚，英国准备单独保证希腊。至于罗马尼亚，英国认为德国对它的威胁已减弱，可以用保证来迫使罗马尼亚与波兰进行谈判。

法国对英国的考虑持反对意见。作为一个大陆强国，罗马尼亚在法国战略中的地位远远高于希腊。法国担心，在单独保证波兰之后，又单独保证希腊，这会给罗马尼亚留下不佳的印象，并使德国认为，英法并不关心罗马尼亚的命运。因此，1939 年 4 月 12 日，在获悉英国准备单独保证希腊时，法国总理达拉第告诉英国驻法大使菲普斯，法国坚持在保证希腊的同时保证罗马尼亚："这是最好的，也是唯一的防止战争全面爆发的方法，假如不这样，德国数小时之内将向罗马尼亚提出最后通牒，我们将再次面对一个既成事实"③。同一天，法国内阁做出决定，要求在

---

① *Documents on British Foreign Policy，1919 - 1939*，Third Series：1938 - 1939，Vol. 4，London，1951，No. 541.

② Ibid.，No. 601.

③ *Documents on British Foreign Policy，1919 - 1939*，Third Series：1938 - 1939，Vol. 5，London，1952，No. 53.

4 月 13 日对希腊的保证宣言中必须包括对罗马尼亚的保证。在法国的坚持下，英国最后作了让步。4 月 13 日，英法宣布给予希腊和罗马尼亚以保证，罗马尼亚终于如愿以偿。

第四节　夹缝中求生存

对罗马尼亚来说，英法的保证是它组建其安全体系的开始，同时也是其结束，因为它期望于英法的主要目标已经达到。对英法来说，这种保证仅仅是它们重新组建其遏制德国的东方阵线的开始，英法准备以此为起点扩展东方阵线，将波、罗、南、希、土等国都包括在内。这样，只要罗马尼亚不愿加入反德阵线，就必然与英法的战略发生冲突。与此同时，德国竭力防止在东欧出现针对自己的包围圈，两大集团在东欧特别是在巴尔干的争夺，使罗马尼亚处在夹缝之中。

1939 年 5 月初，英国与土耳其拟于 5 月 12 日发表宣言，双方准备建立同盟关系，同盟主要限于地中海，但应英国的要求，宣言中也提到保证巴尔干的安全，英国希望把土耳其拉入它组建的反德体系中。英国的举措引起罗马尼亚的反对。罗马尼亚并不反对英土结盟，对于英土准备联合维护地中海安全它是欢迎的，对于英土结盟协定涉及巴尔干安全，它的内心也是期望的，但是，罗马尼亚担心轴心国会因此事向它施加压力。[1] 加芬库要求英土协定只能以有限的措辞提到巴尔干的安全。

英国不同意加芬库的看法。英国外交部指示其驻罗公使霍尔向罗马尼亚指出，"假如罗马尼亚政府已向土耳其政府要求英土协定在涉及巴尔干问题时不能走得太远，你应向罗马尼亚政府指出，我们非常惊讶……英土协定是防卫罗马尼亚反对侵略的安排中一个必要环节，除非他们对我们不信任，否则，他们不应该反对这一协定，他们应鼓起勇气去面对轴心国

---

① *Documents on British Foreign Policy*, *1919 – 1939*, Third Series: 1938 – 1939, Vol. 5, London, 1952, No. 633.

的压力"①。英国希望罗马尼亚等国为反对德国做出牺牲。按照英国军方的考虑，虽然罗马尼亚是一小国，几天之内可能被德国击溃，但罗马尼亚参战比中立好，即使罗马尼亚失败，英国仍可以摧毁罗马尼亚的油田，使德国的石油供给发生困难。而罗马尼亚不愿首先成为侵略者的牺牲品，它希望尽可能长时间地保持平衡政策，不因任何事再招致德国的压力。

德国一直努力防止在自己的东侧形成一个由英法支持的安全体系。当英土在1939年5月12日宣布准备结盟时，德国向罗马尼亚施加压力，试图通过罗马尼亚来防止巴尔干进入英法支持的集体安全体系，德国希望加芬库访问安卡拉时，"绝对坚定和清楚地讲明这一点"，罗马尼亚必须明白"我们把罗马尼亚在这一问题上的行动看作是德、罗关系的试金石"②。"假如罗马尼亚同意英土协定扩展到巴尔干，德国将视之为罗马尼亚已加入反对轴心国的联盟……"③

德国的压力使罗马尼亚处于非常困难的境地，加芬库不得不向德国表示，他将尽力防止英土宣言涉及巴尔干④。加芬库在1939年6月初访问土耳其时，再一次反对在今后的英土同盟中涉及巴尔干。英国不放弃自己的立场，在向罗马尼亚施加压力的同时，极力劝说罗马尼亚接受土耳其的帮助。英国方面告诉加芬库，"不能让土耳其中立，否则，很难对罗马尼亚进行军事援助，中立的土耳其让武器和军队通过海峡有困难"⑤。英国的压力和劝说使加芬库的态度有所变化，土耳其对罗马尼亚可能提供的帮助无疑有一定的诱惑力。

---

① *Documents on British Foreign Policy*, *1919 – 1939*, Third Series：1938 – 1939, Vol. 5, London, 1953, No. 647.

② *Documents on German Foreign Policy*, *1918 – 1945*, Series D, Vol. 6, Washington, 1956, No. 488.

③ *Documents on British Foreign Policy*, *1919 – 1939*, Third Series：1938 – 1939, Vol. 6, London, 1953, No. 12.

④ *Documents on German Foreign Policy*, *1918 – 1945*, Series D, Vol. 6, Washington, 1956, No. 504.

⑤ *Documents on British Foreign Policy*, *1919 – 1939*, Third Series：1938 – 1939, Vol. 6, London, 1953, No. 53.

罗马尼亚的这一立场为德国所不容。德国了解到英、土、罗讨论援助罗马尼亚一事，因此，加芬库一回布加勒斯特，德驻罗公使法布里齐乌斯就马上告诉加芬库，德国对罗马尼亚在大国间保持平衡的政策不信任，要求罗马尼亚最好能明确宣布中立①。法布里齐乌斯警告加芬库，德国希望罗马尼亚竭力抵制在英土条约中插入土耳其保证这一条款，"这一步骤对准备战争是至关重要的，若土耳其保证罗马尼亚，德国将视罗马尼亚加入反德国包围圈"。而且，"这样一个协定的缔结，即使在第三方之间，没有罗马尼亚的同意，德国仍作同样的解释"②。处在德国强压下的罗马尼亚感到万幸的是，英土结盟的谈判进展缓慢，直到"二战"爆发一个月后才正式签署互助协定，罗马尼亚在这样的情况下，才逃出困境，但随后，罗马尼亚将面临更加艰难的局面。

结　语

历史上，罗马尼亚的外交以灵活著称，它的外交有两大特点，一是善于在大国间周旋；二是在适当时候靠向某一大国，为自己谋取最大利益。"二次大战"前夕，罗马尼亚的平衡外交继承了这一特色，它与德国签署经济合作协定，但不准备拉开与英法的距离；它寻求英法的单方面保证，但又不加入英法组建的"反德包围圈"。罗马尼亚希望尽可能长时间地在英法、德两大集团之间进行周旋，直到局势变得明朗。当大国试图摆布小国的时候，罗马尼亚希望牢牢地掌握自己的命运。作为一个长期以来亲英法的国家，罗马尼亚的这一选择是迫不得已的，它也意识到这种做法的潜在危险，但是在罗马尼亚看来，与英法结盟，公开与德国为敌将会更加危险。罗马尼亚也不愿意与周边国家结成共同的反德同盟，以免首先承受德国的打击。

---

① *Documents on German Foreign Policy*, *1918 - 1945*, Series D, Vol. 6, Washington, 1956, No. 567.

② Ibid. , No. 652.

　　然而，只有在欧洲的力量处于某种均势时，罗马尼亚这样的小国才有施展平衡外交的可能。在"二战"前夕的欧洲，英、法、德似乎势均力敌，因此，罗马尼亚外交尚有一定的回旋余地，但是随着欧洲力量的进一步失衡，罗马尼亚外交活动的空间只能变得越来越狭窄。

　　从罗马尼亚战前的外交来看，作为一个小国，罗马尼亚不可能左右国际局势的变化，其外交活动更多的是一个被动的反应过程，但是，这种反应对当时欧洲局势的发展，也能够产生一定的影响。第二次世界大战前夕，英法在东欧的对德包围圈只完成了一部分，即英法与波兰的同盟和英法对罗马尼亚、希腊等国的保证，但始终无法在东欧构建起一个完整的同盟体系，使东欧小国相互结盟，共同反对德国。当英国试图在东欧组建"反德"阵线时，罗马尼亚的消极态度使英国的计划难以如愿。但是，罗马尼亚的这一选择在相当程度上是英法造成的。20世纪30年代前半期，罗马尼亚等东欧小国非常乐意与法国为盟，但莱茵兰事件使它们对法国大失所望；慕尼黑会议又使它们对英国仅存的希望消失殆尽。在"二战"爆发前，当英法试图重新卷入东欧事务时，它们已无法使罗马尼亚等中东欧小国改变在大国间保持平衡的外交政策。

　　在国际关系研究中，道义问题是学者们经常讨论的一个热点，罗马尼亚的外交政策为此提供了一个很有意义的个案。20世纪30年代中期开始，东欧原先亲西方的国家的外交大都经历了较大的调整，从完全倒向西方转而采取在大国间保持平衡的政策，以静观局势的发展。之后，西方最忠实的盟友捷克斯洛伐克，在英法的一再施压下，向德国屈服，令世人同情。第二次世界大战爆发后，芬兰、波兰和南斯拉夫等国，当它们的独立和领土完整受到威胁时，都选择了抵抗。芬兰尽管战败，但令世人尊重。波兰和南斯拉夫尽管在大战中损失惨重，但为反法西斯战争的胜利做出了极大的贡献。人们对波兰、南斯拉夫在第二次世界大战前的外交有种种看法，但对它们在第二次世界大战中的表现都非常敬佩。

　　罗马尼亚的外交提出了一个值得思考的问题，一国外交的灵活应该有一个什么样的"度"，什么样的原则。在怎样的原则和"度"内，可以称之为灵活,在什么样的"度",什么样的原则外,则损害了一个民族和国家的尊严。我认为,小国在大国交相逼迫中左右周旋,如出于无奈,是情有可原的。这种周旋即使失败,也不失为悲壮,如波兰、南斯拉夫,也包括 20 世纪 30 年代的罗马尼亚。但是,如果不顾一切基本原则,只向强者押宝,则堕落为投机,就是民族的耻辱了。①

① 本章原载《史学集刊》2005 年第 3 期。

第十一章

两次大战之间的南斯拉夫外交
（1934—1941 年）

两次世界大战之间的南斯拉夫外交经历了一个曲折的过程。20 世纪 20 年代，南斯拉夫推行集体安全政策；30 年代中期试图在大国间保持平衡；第二次世界大战爆发后宣布中立；1941 年 3 月被迫加入轴心国，但这一举措引起国内抗议并导致政权更迭。两次世界大战之间的南斯拉夫外交可列为小国外交的某种典型。从 1934—1941 年，南斯拉夫谨慎地推行其外交政策。对这一过程的分析，于"二战"起源的研究不无裨益。

第一节 "一战"后南斯拉夫的处境及对策

第一次世界大战后，塞尔维亚—克罗地亚—斯洛文尼亚王国成立（1928 年改名为南斯拉夫王国）。南斯拉夫在"一战"后属于"有"的国家，它虽未在和会上得到所希望获得的全部，但其要求基本上得到满足。这一方面扩大了南斯拉夫王国的版图，另一方面也给新生的南斯拉夫王国带来了诸多问题。首先是民族问题。南斯拉夫从原奥匈帝国获取了不少领土，奥匈帝国当初遇到的种种麻烦就传给了南斯拉夫，这些问题中最突出的是民族问题。如原奥匈统治的克罗地亚族并不想并入南斯拉夫王国，但如不并入，克罗地亚将被作为战败国处理，故不情愿地同意了。克罗地亚加入南斯拉夫王国后一直要求自治。克族与塞族的不和成为影响南斯拉夫王国稳定的最重要因素。它使南斯拉夫的对外政策如履薄冰，唯恐对外政策的不当引发国内分裂。其次是领土纠纷。既有与战胜国的，也有与战败国的。匈牙利、保加利亚一直要求修改和约，收回割让给南斯拉夫的领土。由于南斯拉夫对希腊的萨洛尼卡有想法，南、希关系一直不睦。第一次世界大战后，对南斯拉夫最构成威胁的是意大利。意大利一直对亚得里亚海东岸的南斯拉夫地区有野心，并极力利用南斯拉夫王国内的分裂势力。

因此，第一次世界大战后，南斯拉夫王国的国内和国际环境都极为不利。由于自身实力的虚弱，南斯拉夫只能走集体安全之路，联合与自己有共同利益的国家以维护本国的安全和领土完整。这也成为战后南斯拉夫外交的主要目标。

1920—1921 年，通过一系列的双边协定，南斯拉夫与罗马尼亚、捷克斯洛伐克结成了小协约国。小协约国主要针对匈牙利的修约主义，防止奥匈帝国复辟。小协约国是 20 世纪 20 年代南斯拉夫对外政策的支柱。它既镇住了匈牙利的复仇主义，又成为南斯拉夫与大国交往中的依托。

由于俄帝国的崩溃，原来依靠的主要强国不复存在。南斯拉夫不可能依靠战败的德国，英国则对东南欧不感兴趣。这样，南斯拉夫不能不把视线转向法国，希望法国能成为南斯拉夫的依靠。虽然法、南双方有共同利益，但由于法国把意大利视作潜在的盟国，而南则把意大利视为最危险的敌人，双方的结盟谈判极为艰难。直到 1927 年法国才和南斯拉夫缔结友好条约。不过，这仍成为南斯拉夫 20 世纪 20 年代对外政策的基石。20 世纪 30 年代前期，即使是希特勒在德国上台后，南斯拉夫王国依然推行集体安全政策。1934 年 2 月，南斯拉夫和罗马尼亚、希腊、土耳其结成巴尔干同盟。同盟主要针对保加利亚对同盟各国的领土要求。南斯拉夫设法使同盟规定，当保加利亚与其他大国（主要指意大利）合作侵犯巴尔干各国时，同盟依然有效。

1934 年 6 月，法国外交部部长巴尔都为重建法国在东欧的同盟体系访问贝尔格莱德。南斯拉夫对法国的举措表示欢迎，并热情支持，虽然南斯拉夫对法国改善与意大利的关系颇有微词。非常遗憾的是，当南斯拉夫国王赴法国准备与巴尔都进一步商议大联盟事宜时，和巴尔都一起遭法西斯雇佣者暗杀。总之，20 世纪 20 年代和 30 年代前期，南斯拉夫推行集体安全外交，取得了一定的成果，维护了南斯拉夫的独立和领土完整。但随着国际局势的变化，南斯拉夫的处境开始变得艰难起来。为了自身利益的安全，南斯拉夫的外交政策逐渐转向在大国间保持平衡。

第二节　从集体安全转向中立自保

南斯拉夫外交政策的转变发生在什么时候，这很难以准确的时间来界定。一般说来，这一变化大致开始于 1934 年 10 月，当时，南斯拉夫国王被法西斯雇佣的克罗地亚分裂分子暗杀。法国为拉拢意大利，不愿为南斯拉夫主持正义，使南斯拉夫心寒。南斯拉夫的外交政策在 1936 年以后的变化比较明显。在欧洲回复到强权政治的年代，南斯拉夫希望在大国间保持平衡，静观大国的争斗。一方面，南斯拉夫不放弃与英、法的传统关系，但也不再和集体安全相连；另一方面，南斯拉夫逐渐与德、意等法西斯国家接近。不过从长远看，南斯拉夫绝对亲西方大国，南的切身利益与它们相一致。

作为平衡政策的重要一步，南斯拉夫逐渐从先前的同盟体系中走出来。1936 年 3 月，德国军队进入莱茵兰，罗马尼亚外长底图内斯库以小协约国和巴尔干联盟的名义表示支持法国，南斯拉夫立即予以否定，并向德国方面表示，在法、德争端中，南斯拉夫将保持中立。莱茵兰事件后，南斯拉夫更不愿意加入可能被德国理解为具有反德意图的集团。1936 年 9 月，小协约国在捷克斯洛伐克的布拉迪斯发举行常务理事会会议。捷克越来越感受到德国的威胁，鉴于小协约国只针对匈牙利，捷克总统贝奈斯提出把小协约国体制转变为反对一切侵略者的双边防御联盟的建议。① 贝奈斯希望，假如捷克受德国进攻，捷克能得到南、罗的援助。南斯拉夫首相斯托亚迪诺维奇表示反对，他提出，南斯拉夫不愿意承担反对另一个大国特别是反对德国的义务。在南、罗的坚持下，小协约国还做出决定，小协约国成员可以单独同其他国家签订条约，而事先不必同其他成员国进行协商。② 这一决定违反了 1933 年小协约国的改组协定，该协定规定三国对大国的政策将保持一致。

法国的介入也未能改变南斯拉夫的立场。1936 年前一直是法国拒绝南斯拉夫关于缔结双边援助条约的要求，理由是这将阻止法国与意大利的和解。在 1936 年 11 月，法国改变主意，11 月 2 日和 13 日，法国连续向南斯拉夫政府发出两份照会。照会的核心内容是以什么方式加强法国和小协约国的团结。照会提出，法国愿意与南、捷、罗缔结双边援助协定，条件是小协约国不把它的防御义务限于对付匈牙利、保加利亚，而是扩展到反对所有的侵略。贝奈斯提出的建议这次又被法国重新提出，但加了一个曾是南斯拉夫追求的目标：法国将介入。但是，这一回南斯拉夫拒绝了法国的建议，南首相向法国外长德尔博斯表示，南不想打扰目前它与德、意的关系，现在接受法国的建议是不合时宜的。在以后的几个月里，法国一直为此向南施加压力，南则始终反对，③ 南认为，法国想依靠意大利牵制德国，法国不可能成为南斯拉夫的真正保护者。

与德、意关系的改善是南斯拉夫外交政策转向在大国间保持平衡的一个重要方面。1936 年 9 月，南斯拉夫与其宿敌意大利签署了经济和贸易协定。斯托亚迪诺维奇向意大利表示，南斯拉夫赞成与意大利发展关系并期待着一个新的合作时期，1937 年末，斯托亚迪诺维奇出访意大利，与墨索里尼举行会谈，他告诉墨索里尼，南斯拉夫将推行对意友

---

① Eduard Benes, *Memoirs of Dr. Eduard Benes: From Munich to New War and New Victory*, London, 1954, p. 30.

② Arnold J. Toynbee, *Survey of International Affairs, 1934*, London, 1937, pp. 352 - 353.

③ J. B. Hoptner, *Yugoslavia in Crisis, 1934 - 1941*, Columbia University Press, 1962, pp. 55 - 56.

好的政策。

在南斯拉夫与轴心国的关系中，值得一提的是南德关系。1933 年，希特勒在德国上台。这一方面恶化了南斯拉夫的国际环境，因为德国强烈要求修改和约，并支持匈牙利、保加利亚的修约主义。但另一方面，南斯拉夫与德国没有共同边界，它不像捷克那样直接受到德国的威胁。因此，南斯拉夫没有捷克那样要遏制、对付德国的强烈愿望。在南斯拉夫的心目中，德奥合并比匈奥合并要好得多。在英、法等西方大国对德实行绥靖政策的大趋势下，南斯拉夫也随之仿效，并准备利用德国遏制意大利对南斯拉夫的野心。除此之外，还有一个重要原因使南斯拉夫不得不与德国改善关系，那就是南斯拉夫经济方面对德国的依赖。南斯拉夫是一个农业国，以出口农产品为主，其他东南欧国家也是如此。小协约国和以后成立的巴尔干联盟有一个致命的缺点，那就是相互之间的经济联系太弱，彼此的经济不具互补性，在国际市场上相互竞争。捷克的工业相对发达，但捷克不向东南欧国家开放其农业市场。英国对东南欧不感兴趣，英国可以从自治领、殖民地买到比国际市场价格低得多的农产品。法国本身也是个农产品出口大国，其农产品在国际市场上与南竞争。1929 年的经济危机也影响了南斯拉夫，出口萎缩、失业人数大增，南斯拉夫迫切需要开拓新的市场。

1935 年，意大利入侵埃塞俄比亚，国联决定制裁意大利，这使南斯拉夫的经济雪上加霜。虽然南、意关系不睦，但南斯拉夫的相当一部分产品是出口到意大利的。1931—1935 年对意大利的出口占南斯拉夫同期对欧洲国家出口总值的 21.4%。国联制裁意大利后，南斯拉夫对意大利的出口大幅下降，1936—1939 年，仅占对欧洲国家出口总值的 7.4%。[1]虽然英、法、捷设法多进口了一些南斯拉夫的产品，但这不可能弥补南斯拉夫的全部损失。

经济的困境使南斯拉夫注目德国市场。德国是一个工业高度发达的

---

　　① 　J. B. Hoptner, *Yugoslavia in Crisis*, *1934－1941*, Columbia University Press, 1962, p. 95.

国家，需要大量的原材料和农产品，南斯拉夫也需要德国廉价的工业品。1936 年以后，南斯拉夫与德国的经济关系开始密切起来。

德国也非常愿意改善与南斯拉夫的关系。德国希望在小协约国中获得一个据点，由于捷克被认为是敌人，罗马尼亚靠不住，所以德国政府决定改善与南斯拉夫的关系。在政治上德国禁止克罗地亚流亡分子在德国出版报纸，1934 年 10 月，南斯拉夫国王亚历山大被暗杀，德国不仅帮助缉拿凶手，还派普鲁士邦总理戈林到贝尔格莱德参加葬礼。戈林还向南斯拉夫表示，德国不支持匈牙利对南的领土要求。德国更多的努力集中在经济方面，以便在小协约国的经济范围内建立一个强大的贸易基地，并阻止意、法两国在东南欧发挥影响。[①] 1934 年 5 月，南德贸易协定签订，这是两国经济关系发展中的重要一步。1936 年，戈林任命其亲信诺豪森作为他在东南欧的特派代表，其总部设在贝尔格莱德。1936 年 6 月，德国经济部长沙赫特出访东南欧各国，在戈林的同意下，沙赫特的努力主要集中于南斯拉夫。德国还通过一套特殊的方法来发展德南经济关系，即德国以高出国际市场很多的价格购买南的农产品，但不付外汇，而以输往南的工业品进行结算。这样，德国在南斯拉夫的进出口比重越来越高，1936—1938 年，德国占南对欧洲国家出口总值的 28.3%（而 1931—1935 年仅为 14.1%），远远高出英国（8.4%）和法国（2.8%），同期，德国在南斯拉夫进口中（欧洲）所占比重更高达 34.8%，而英、法分别只占 7.5% 和 2.3%。[②]

经济上对德的依赖使南斯拉夫对德的政策极为谨慎。南斯拉夫默认德国吞并奥地利，默认肢解南斯拉夫的盟国捷克斯洛伐克。而且南斯拉夫在一定程度上改变了结盟方向，经德、意的调解，与匈牙利、保加利亚改善了关系。

需要指出的是，南斯拉夫政府也意识到这种经济上的过分依赖在政

---

①　*Documents on German Foreign Policy*，*1918－1945*，Series C，Vol. 2，Washington，1959，No. 318.

②　J. B. Hoptner，*Yugoslavia in Crisis*，*1934－1941*，Columbia University Press，1962，p. 95.

治上所产生的后果。1936 年，南德经济关系刚密切的时候，南斯拉夫就试图摆脱德国经济对南的制约。保罗亲王说服英国外长艾登，让英国政府增加从南斯拉夫进口的产品。在随后的几个月中，英南贸易有较大增长，但与德南贸易相比仍有差距。英国不可能在经济上大规模帮助南斯拉夫，而法国则本身正处在经济危机中，这样，南只能听任德国控制其经济。

从 20 世纪 30 年代中期到"二战"爆发，南斯拉夫在复杂的国际局势面前，推行在大国间保持平衡的政策，不放弃与英、法的传统关系，同时与德、意接近，试图以此维护南斯拉夫的安全和领土完整。这在特定的历史条件下有一定的合理性。但随着国际局势的恶化，南斯拉夫不可能置身于局外。

第三节 困境中求生存

1939 年 9 月，第二次世界大战爆发，南斯拉夫宣布中立。这是南推行平衡政策的自然结果，也是南为自身利益考虑所作的必然选择。

南斯拉夫的中立政策的特点是亲西方，但不想刺激德国。南斯拉夫一再向德国表示，它将严守中立。但南中立政策的亲西方倾向明显。南斯拉夫的利益与西方一致，它始终认为，大战的最后胜利者绝对是英、法、美。早在 1939 年 3 月，南斯拉夫摄政保罗亲王就将过于亲德、意的首相斯托亚迪诺维奇免职，同时将大批黄金和有价证券运往英美存放。战争爆发后，南斯拉夫向英国表示将暂时不得不勉强向轴心国显示善意的姿态，一旦合适的机会到来，将站在盟国一边。[1] 保罗亲王还敦促法国尽快派军队在希腊的萨洛尼卡登陆，防止轴心国将战争扩大到巴尔干，保证南斯拉夫与西方的联系，使南斯拉夫能保持中立，这种中立某一天会使南斯拉夫与盟国一起对轴心国作战。南斯拉夫最希望的是英、法能

---

[1] *Documents on British Foreign Policy*, *1919 - 1939*, Third Series：1938 - 1939, Vol. 4, London, 1951, No. 10, No. 426.

首先敲掉意大利。南斯拉夫驻法大使普雷克告诉美国驻法大使布尔赖特，假如盟军消灭意大利海军舰队，并控制地中海，南斯拉夫将在 60 天内与盟军一起作战。①

对于南斯拉夫的要求，英、法无法同意，英、法更看重意大利的中立，担心英、法的举措会使意大利放弃中立。不过，从 1939 年 9 月到 1940 年 6 月，保罗亲王仍然就军事合作问题一直与英、法保持联系。

1940 年 6 月，法国战败。南斯拉夫对此极为震惊。随着意大利的参战，南的处境变得越来越艰难。德国在入侵法国前，希望巴尔干保持稳定，以便从巴尔干获得农产品和其他重要的战略物资。因此，德国虽不信任南斯拉夫，但认为它的"中立"对德国有利。西线战事结束后，德国准备对苏联的战争。德国认为，在东线作战，必须保证侧翼的安全，德国需要南斯拉夫明确它的态度，要南斯拉夫实行依赖轴心国的方针。不过，德国不准备在巴尔干使用武力，而主要利用自己有利的态势向南施加外交压力。1940 年 10 月，意大利入侵希腊，但随后受挫，意大利的侵略行动加剧了南斯拉夫的困境，因为意大利的失败使德国准备出兵巴尔干，而南斯拉夫则必须明确它的位置。南斯拉夫没有回旋余地。

与此同时，英、美也向南斯拉夫施加压力。当意大利在希腊受挫时，英国希望南斯拉夫能从侧翼进攻意大利军队。但德国对南施加压力，则有经济、军事等手段以及地理位置上的便利。英国承诺以后满足美国的军事援助及将来和平会议上对南斯拉夫某些要求。

1941 年 1 月，美国总统罗斯福的特使威廉·多诺万上校来到贝尔格莱德，与保罗亲王、内阁要员和军事领导人举行会谈。多诺万要求南进入战争，一旦南进攻意大利，美将向南提供武器援助。多诺万还警告保罗亲王，假如南斯拉夫允许德国军队通过其边界，美国不会在将来的和平会议上为南斯拉夫说话。南斯拉夫不愿介入战争，但表示不会允许德国军队和物资通过其领土。

---

① J. B. Hoptner, *Yugoslavia in Crisis, 1934－1941*, Columbia University Press, 1962, p. 170.

英、美不可能提供多大的援助，但未来的前景不能不加考虑。德国的压力也越来越大。1940 年 11 月，在希腊受挫的意大利向德国求援，希特勒表示，巴尔干问题的关键是南斯拉夫。希特勒在致墨索里尼的信中进一步指出，假如南斯拉夫的态度不明确，我们不能在巴尔干冒战争风险，因此，南斯拉夫必须尽可能地用一切手段争取过来①。1940 年 12 月，希特勒告诉意大利外长齐亚诺，他准备邀请保罗亲王到柏林，谈判结盟问题②。德国开出的条件是：南将得到希腊的萨洛尼卡，塞—克的和解，意大利对南领土的保证。

南斯拉夫的策略是，回避加入轴心国问题，尽可能地拖延时间。1941 年 2 月，希特勒邀请南首相和外长到萨尔茨堡举行会谈。在会谈中，希特勒明确要求南斯拉夫加入轴心国，南的邻国罗马尼亚、匈牙利和保加利亚都已先后加入轴心国，现在该轮到南斯拉夫了，南斯拉夫首相茨韦特科维奇一方面表示反对，一方面把最后的决定权留给保罗亲王。1941 年 3 月，德国通知南斯拉夫，德军将进入保加利亚，进一步对南施加压力。保罗亲王面临艰难的选择——签约加入轴心国还是冒战争的风险反对。由于未能从英国得到实际的援助，保罗亲王决定前往伯希特斯加登。保罗亲王在与希特勒的会谈中，希望以南德友好条约代替南加入三国协定。希特勒对此不感兴趣。在以后的几次会谈中，德国满足了南提出的一次次的要求：保证南的主权和领土完整；不要求南为德、意军队提供军事援助；如轴心国军队要通过南领土，须得到南政府的同意等等。

南斯拉夫在英、美压力下，试图继续拖下去，1941 年 3 月 22 日，德国外长里宾特洛甫指示德驻南大使向南斯拉夫外交部发出照会：3 月 23 日前必须告诉柏林是否同意加入"三国协定"。南斯拉夫最终屈服，被迫于 3 月 25 日在维也纳签署了加入轴心国的协定。

---

① J. B. Hoptner, *Yugoslavia in Crisis*, *1934 – 1941*, Columbia University Press, 1962, p. 189.

② ［意］齐亚诺：《齐亚诺日记 1939—1943 年》，武汉大学外文系译，商务印书馆 1983 年版，第 360 页。

南政府签署协定的当天，南斯拉夫国内即出现了大规模的抗议活动，亲西方的南斯拉夫军官发动政变，导致政权更迭。南斯拉夫的行动及随后新政府与盟国方面的联系，使希特勒决心进攻南斯拉夫。由于军事力量的虚弱和英、美援助的缺乏，南斯拉夫的命运也就可想而知了。

结　语

20世纪30年代，南斯拉夫在国际局势剧烈变化的情况下，试图采取平衡政策以维护国家的利益。但这只能在一定的条件下实行，即欧洲的力量大致保持平衡（即使这种平衡是虚幻的），且德国的侵略方向不直接指向南斯拉夫。"二战"爆发后，这样的条件似乎还存在，而且在南斯拉夫看来，这种平衡会朝着有利于南的方向发展，但结果，法国的战败使这一幻想破灭。力量平衡的打破，使南斯拉夫的中立政策极难维持。随着意大利在希腊的进攻受挫，英美与德国争夺巴尔干，南斯拉夫已经不可能保持中立了，没有一个大国能容忍它的中立。南斯拉夫在某种程度上丧失了选择的自由，如果它选择德国，英、美在南斯拉夫的支持者将予以反对；如果它选择英、美，德国的军队就等在边界。也许，对南斯拉夫来说，加入三国协定也不失为一种选择，毕竟它没有损害别人的利益，毕竟德国给了它某些特殊的优惠，南斯拉夫或许可以保持以后类似瑞典那样的中立。但南斯拉夫加入轴心国，对英、美来说即意味着与德、意合作。英、美的力量与南斯拉夫国内亲英美力量的配合，使南最终站到了盟国一边。

第 ◇ 四 ◇ 编

关于战争与和平的
新思考

第十二章

民族主义的发展历程与国际秩序

　　南京大学陈晓律教授认为，现代民族主义在欧洲经历了三个大的发展阶段。第一个阶段从 1500 年到法国大革命，为欧洲民族国家的孕育和成长阶段，欧洲各主要国家都在从中世纪的等级君主制向绝对主义的王朝国家转变；第二个阶段从法国大革命开始到"二战"结束，为欧洲民族国家的扩张阶段，民族国家的概念和民族主义的浪潮经法国大革命传播到了整个欧洲，激发了其余国家争取民族独立和国家统一的浪潮，并由此导致了欧洲剧烈的动荡与冲突；第三个阶段是"二战"后从欧共体到欧盟的发展，显示出欧洲民族主义和民族国家在共同发展中开始了某种新的融合①。

　　北京大学尹保云教授认为，民族主义的内核是"个人权利"的思想，它是民族主义运动的原动力，可以把它的发展分为三个阶段。第一，16、17 世纪的英国时期；第二，法国的启蒙运动时期；第三，"二战"结束以后。由于有了"个人权利"这一内核，民族主义不仅仅是一种民族排它的力量，而且是社会内部的经济、政治和文化发展的推动力量。个人自决和个人权力的需要选择了民族国家的管理形式，国家必须为社会个人权利的充分实现提供保障②。

---

① 陈晓律：《欧洲民族国家演进的历史趋势》，《江海学刊》2006 年第 3 期。
② 尹保云：《论民族主义的发展》，《战略与管理》1996 年第 2 期。

　　山东大学翟金秀博士认为，西欧的民族主义的演进历程划分为四个阶段即组成国家形态阶段、强制消灭其他民族阶段、重新发现自我阶段和自然消亡阶段①。

　　笔者认为，民族主义一般经历产生、兴起、狂热、成熟和衰退这几个时期，每一时期都会对国际秩序产生相应的影响。本章试图就此作一探讨。

　　关于民族主义的定义，国内外学术界对此有各种各样的看法。本章不讨论民族主义的定义，对民族主义遵从一般的理解，即民族共同体的成员在民族意识的基础上所形成的对本民族至高无上的忠诚和热爱；是关于民族和民族问题的思潮和理论政策；是在这种思潮和理论政策指导或影响下的追求、维护本民族生存和发展权益的社会实践和民众的运动。从历史上看，民族主义还含有对自由、民主和平等的追求。

第一节　从产生到狂热时期的民族主义
对国际秩序的影响

　　民族主义在其产生、兴起和狂热时期，会使国际社会或国际社会某一区域处于动荡状态。在这种动荡的国际社会中，战争成为常态。

　　中世纪晚期的欧洲，民族主义开始产生，到18世纪末19世纪初，民族主义在欧洲全面兴起。对国家、民族的忠诚取代了对国王的忠诚。在这个新的国家中，民族利益被视为最高利益。

　　民族国家在民族意识的产生中走上历史舞台，成为国际秩序中的主角，但此时，强大的民族并没有很好地运用自己的力量，往往使用武力或威胁使用武力来对待其他民族。国际秩序与先前相比，没有得到任何改善，依然处于"自然状态"，完全遵循丛林法则。

　　在这一时期，国际秩序如果能获得相对稳定，一般立足于以下两个条件，一是欧洲列强的均势；二是某一大国获得仲裁地位。如19世纪的

①　翟金秀：《一体化视角下的西欧民族主义新动向》，《国外社会科学》2008年第5期。

英国。19 世纪一般被认为是英国的世纪，也有学者将 19 世纪说成英国治下的和平。而一旦均势出现问题或大国的仲裁地位受到挑战，那么，战争就成为国与国之间解决问题的最终手段。正因为此，西方学者往往用民族主义来解释战争的起源。我认为，不止于此，欧洲先前的战争一般都是有限战争；而随着民族国家的出现，国与国之间的全面对抗使战争的烈度增加，战争无限化成为可能；而工业化的发展，大大增加了战争的残酷性，正是战争的残酷性，使欧洲各民族从狂热中逐渐清醒过来。

值得注意的是，早期的民族主义包含着自由、民主和平等这样一些对国际秩序建设很有意义的内容，这在美国独立战争和法国大革命中都能清楚地看到。例如，在欧洲历史的早期，精英们都试图尽可能地把自己与"平民"或"乌合之众"区分开来。然而，在民族主义出现后，"人民"这个词应运而生，民族是按照"人民"（即一个地区的人口的大多数，不管其阶级或职业如何）来界定的，人民成为主权的载体、忠诚的主要对象和集体团结的基础。无论你是富人还是穷人，都是人民的一分子，每个人都是平等的。但是，在民族主义的发展进程中，这些内容被有意或无意地抛弃了。人们更多注意的是民族国家的强大，以及自身在国际秩序中高于其他民族的地位。

在 19 世纪末 20 世纪初，西欧各国的民族主义发展达到一个顶点，每一个强大的民族都希望把自己置于比其他民族更优越、更重要的地位。英国无疑要保持自己在列强中的仲裁地位；德国人想的是第二次工业革命以来，它在科技方面取得了辉煌成就，在他们看来，如此优秀的民族应该领导整个世界，而不是如俾斯麦所设计的仅限于称霸欧洲；法国考虑的是如何报 1871 年战败之仇，重新恢复法国在欧洲的霸主地位；俄罗斯则以斯拉夫为旗帜向巴尔干扩张。诚如中央编译局的陈林先生所言，在人类进入 20 世纪之前，"民族主义已主要表现为隐藏在欧洲主要大国的国家战略和外交政策背后持久而深刻的根源①"。

---

① 资中筠主编：《国际政治理论探索在中国》，上海人民出版社 1998 年版，第 125 页。

　　民族主义的高涨引起了国际局势的剧烈动荡。英国学者詹姆斯·约尔在解释第一次世界大战起源时曾认为，欧洲列强在一次大战前，国内强烈的民族主义热情已经让它们无法再忍耐下去，人们认为，与其这样长时期的紧张，还不如来一场激烈的战争①。温斯顿·丘吉尔也写道："空气中弥漫着一种奇怪的情绪。由于未能从物质繁荣中获得满足感，各国转而热衷于国内或国际争端。民族情绪随着宗教影响的衰落而极度高涨，几乎每一个地方都燃起了熊熊的大火。几乎每个人都认为，这个世界渴望受苦。的确，每个地方的男人们都急于冒险。②"

　　第一次世界大战结束后，如果说英国和法国从狂热的民族主义中清醒过来的话，那么，在欧洲被视为"问题儿童"的德国远没有醒悟，不仅如此，德国还将民族主义发挥到极致，出现了纳粹的极端民族主义。先前的民族主义还只是将本民族置于其他民族之上，而纳粹的极端民族主义则认为"劣等民族"没有资格生活在地球上，应该将所谓的"劣等民族"赶尽杀绝。

　　民族主义的狂热导致欧洲两次成为世界大战的起源地和主战场，并进而深刻地影响了整个世界的秩序。

　　亚非拉各民族也经历同样的过程。第一次世界大战后，欧洲的民族主义传播到亚非拉，这些地区如同英国学者埃里克·霍布斯鲍姆（又译霍布斯邦，本章统称霍布斯鲍姆）所说的那样，是先有民族主义才有现代意义的民族③。亚非拉各国如印度、埃及等都发生了民族独立运动，民族主义在亚非拉各国兴起；第二次世界大战后，亚非拉各国纷纷赢得独立。亚非拉各国的民族主义改变了世界的版图，先前的殖民地转为民族国家，成为国际大家庭中的一员。美国历史学家斯塔夫里阿诺斯曾指出，第二次世界大战和第一次世界大战的一个主要差别在于欧洲殖民地

---

　　① James Joll, *The Origins of the First World War*, New York, 1992, p. 235.

　　② ［美］小约瑟夫·奈：《理解全球冲突与合作：理论与历史》，张小明译，上海世纪出版集团 2012 年版，第 126 页。

　　③ ［英］埃里克·霍布斯鲍姆：《民族与民族主义》，李金梅译，上海人民出版社 2000 年版，第 10 页。

的结局："欧洲对殖民地帝国的控制因第一次世界大战而被削弱，但还没有遭到彻底的破坏，实际上，欧洲因获得作为托管地的阿拉伯世界而扩大了它的殖民地范围。相反，第二次世界大战之后，不可阻挡的革命浪潮席卷诸殖民地帝国，极其迅速地结束了欧洲的统治①"。

但是，民族主义的狂热使亚非拉的许多国家陷入战乱，这些国家独立后，宝贵的资金不是用之于经济而是用之于军备，有些国家刚刚独立就去侵犯邻国，例如东南亚的越南在经历长期的战争后，不是考虑经济建设，而是考虑如何控制周边国家，成为地区的霸主。独立后的中东各国，之所以不团结，相互之间还发生战争，一个重要原因，是各国都希望自己主导中东地区的局势。值得注意的是，亚非拉许多中小国家在摆脱某一列强的控制后，赢得了民族的独立，但在独立后不久，往往又成为另一大国的附庸。此外，诸多亚非拉国家在独立后，通常都会忘记独立的目的——为了民众的自由、民主和平等，是为让民众有追求幸福和获得尊严的权利，但是，亚非拉国家往往只记住了如何让国家强大。这样一来，亚非拉未能从欧洲吸取经验教训，重走了欧洲民族主义狂热的老路，使局部地区的战乱不止，各国民众遭受了战争的苦难。

所以，在相当一段时期里，民族主义被看成是暴力的、反民主的、种族上排外的、领土上扩张的，它是国际社会无秩序的源头。这就是由世界各国在战争中传递出的民族主义形象。

第二节　民族主义的成熟对国际秩序的影响

经过两次世界大战，欧洲出现了新型的民族主义（也有西方学者称之为后民族主义），民族主义发展到成熟的阶段，"新"和"成熟"体现在以下几个方面：

第一，第二次世界大战后，欧洲逐渐确立了欧洲内部大小民族平等

---

① ［美］斯塔夫里阿诺斯：《全球通史：1500 年以来的世界》，吴象要、梁赤民译，上海社会科学院出版社 1992 年版，第 811—812 页。

的观念，这对国际秩序的影响是非常深远的。欧洲各国不再有先前对其他民族持敌视态度的狭隘的民族主义，而是在相互尊重、彼此相容的大小民族平等的新观念下走向联合，这是人类历史的一大进步。第一次世界大战后，国际社会曾提出民族自决，它使更多的民族国家成为国际社会中的一员。人类试图确立理性的世界秩序，国际联盟就是这样产生的，但它仅代表了少数理想主义者的意识，大国决定一切的思想仍潜藏于绝大多数国家的心中，民族平等的意识尚未成为主流的观念。第二次世界大战后，欧洲的民族平等是一个新的台阶，它使欧洲的中小国家在联合体中享有平等的地位，对彼此的争端以谈判的方式解决，对各项规则的制定拥有同样的建议权和决定权。欧洲能取得这样的共识，是在经历无数战争、付出无数生命的代价后取得的，民族平等的共识是欧洲对国际秩序建设的一大贡献，是人类发展的方向。

第二，欧洲开始能够尊重亚非拉各民族对于自己命运的选择。这源于欧洲各国在第二次世界大战期间先后沦为德国的占领区，失去了民族的独立，因此，它们能够理解亚非拉各国的独立诉求。在今天的欧洲，公开歧视亚非拉国家是一种没有教养的表现。当然，要使欧洲各国从内心真正尊重亚非拉国家也许还需要努力。

第三，部分主权可以让渡。民族主义发展到成熟阶段，人们逐渐开始接受之前所认为的神圣不可侵犯的主权，如今有一部分是可以让渡给超国家机构的。

民族主义的成熟使欧洲的国际关系进入有序的时期，战争不再是解决彼此分歧的手段。欧洲成为世界各地区的典范。

与欧洲各国一样，亚非拉的一些国家在狂热的民族主义情感冷却下来之后，也开始走向理性。如越南在 20 世纪 80 年代末开始把经济建设作为重点，而不再谋求对周边小国的控制；中国在 20 世纪 70 年代开始从国际秩序的挑战者成为融入者，并成为国际秩序的维护者。当然，亚非拉各国要真正走向成熟，还有漫长的路要走。

随着民族主义走向成熟和国际关系走向有序，新建立的中小国家在国际社会中开始发挥作用，这是一个新现象。在第一次世界大战前，所谓的国际秩序其实是以欧洲列强为主的国际秩序。从国际秩序的发展史来看，小国或弱国在国际社会中没有什么地位，也就是通常所说的"小国无外交"或"弱国无外交"。第二次世界大战后，小国在国际社会中的地位得到加强，它们不再是大国外交棋盘中的一个"卒"，而能对国际秩序的建设发出自己的声音。欧洲的小国不仅在欧洲内部而且在世界上开始发挥非常突出的作用，丹麦、挪威和芬兰等小国都曾在国际事务中做出了种种努力，其影响远远超出自身的实力。亚非拉各国经常联合起来成为国际社会中的一支不可忽视的新生力量，如东盟、七十七国集团等。这是小国的生存之道，也是小国要在国际社会中发挥作用的一个明智的选择，而国际社会的相对有序提供了让它们发挥作用的平台。

第三节　民族主义的衰退与国际秩序

随着东欧和苏联发生剧变，冷战结束后，一方面，民族主义浪潮随即迅速向整个欧亚大陆乃至全球扩展蔓延，它带来了局部地区的动荡，以致"从南非各城市的边缘到斯里兰卡的海岸，从科索沃的山谷到巴斯克山区，到处可听到武器的铿锵声①"。但另一方面，正如列宁所指出的那样："民族生活和民族运动的觉醒，反对一切民族压迫的斗争，民族国家的建立，这是其一。各民族彼此间各种交往的发展和日益频繁，民族隔阂的消除，资本、一般经济生活、政治、科学等等的国际统一的形成，这是其二②"。从世界各国的发展中，我们可以看到民族主义出现了一些新的倾向，在民族主义依然强势的今天，这些新的倾向是非常值得我们注意的。

第一，民族主义开始衰退。在有的地区，人们所关注的不是某一个

---

① 德国《世界报》（*Die Welt*），1993 年 1 月 11 日，转引自潘光《后冷战时代全球民族主义新浪潮的若干特征》，《上海社会科学院学术季刊》1996 年第 1 期。

② 《列宁选集》第 2 卷，人民出版社 1995 年版，第 365 页。

国家，而是某一地区。如欧洲，人们还不会忘记自己是法国人或德国人或英国人的身份，但人们考虑问题是从整个欧洲出发，而不单单是基于德国或法国或英国的利益。

第二，自由、民主和平等的含义重新出现在民族主义的概念中。人们开始能够理解，如果某一民族在某一共同体内能得到平等的地位，能有良好的发展前景，个人的权利完全能够得到保障，那么，谋求民族独立并不一定是其目标。欧洲尽管有西班牙巴斯克地区寻求独立的问题，但也有的小民族并不谋求独立，而是希望在欧盟这样一个大的共同体内得到发展，并不一定非要一个民族一个国家。相反，如果在某一共同体内，民族得不到平等的地位，个体的权利得不到良好的保障，那么，这样的统治的合法性就会受到质疑。伊拉克和叙利亚就是典型的例子。而且，如果民族主义不是以追求每一个个体的自由、平等为目的，那它就是被少数人用来欺骗民众的工具，它所捍卫的不可能是真正的民族利益，而是某些小集团或一小部分人的狭隘利益，其建立的统治不是真正意义的民主，而是小集团或小部分人的统治。

第三，对其他民族有更多的宽容。这表现在两个方面，一是对外来移民的态度，例如，虽然欧洲诸多国家确实存在着强烈的排外情绪，但就主流而言，它们还是对外来移民持宽容态度；二是对外来文化的态度，许多国家能宽容地对待外来文化。笔者认识一位澳大利亚华人，他主办的华文刊物《汉声》因经费问题准备停办，但是他所在的墨尔本市的市长鼓励他办下去，因为澳大利亚支持多元文化的发展，而一份华文刊物的停办会影响墨尔本的声誉；三是对全球问题的关注，在政府层面，各国所关注的不仅仅是国内问题，还会关注如环保、贫穷和灾难等一些全球性的问题。在民间层面，许多国家出现了非政府组织，这些组织的视野完全超出了民族国家的界限，而关注全球的问题。如许多慈善组织，其慈善活动不限于本国，而是超越了国境，比尔·盖茨的慈善基金会就面向全球。

第四，各民族有一些共同要遵守的理念。人们日益认识到，民主、自由、平等和市场经济等是没有民族性的，它们应该成为全人类普遍遵守的准则。

民族主义出现的这些新趋向对国际秩序走向的影响是非常明显的：

首先，在国际关系中，主权神圣的观念有所减弱。在冷战结束前，如果说这样的观念还仅存在于欧洲，那么，在冷战结束后，在许多国家，特别是经济较发达的地区，人们已经将这一理念视为常识。例如，在经济发展水平参差不齐的东亚，人们在谈论今后东亚共同的货币应该取什么样的名字方能为各地人们所接受，超国家的机构会逐渐得到越来越多人的认可。

其次，相互干涉成为常态。在相当长时期内，互不干涉内政是处理国与国关系的一大准则，然而，随着经济和社会的发展，人们认为，可以对各国主权内的部分事务进行干涉，国与国之间的互相干涉已成为常态。如日本修改教科书会受到中国和韩国以及亚洲其他诸多国家的谴责，连美国媒体也会关注此事。中国经济发展所带来的环保问题也会引起日本的注意。欧盟甚至已经干涉至各国主权的核心部分如内阁的构成，如奥地利的海德尔事件。约尔格·海德尔是奥地利的极右派人士，为著名的当代德国纳粹支持者。他所领导的极右翼政党自由党，在1999年经选举进入奥地利执政政府，欧盟国家对此表示强烈反对，尽管奥地利以内政为由，不予接受，但欧盟态度强硬，海德尔最后退出奥地利联合政府。

再次，通过相互认可的规则来解决彼此存在的争端，尽可能地避免使用武力或威胁使用武力。在这一方面，世贸组织是一典型，各国可以阻止大国采取违反世贸规则的贸易保护政策。

如今，我们无疑还处在民族主义的时代，当今世界上的许多问题都或多或少与民族主义相关，民族主义依然是许多国家凝聚民众的一个重要手段。世界上还有许多民族，在民族主义的旗号下，寻求建立一个民族一个国家，民族主义的狂热并未消退。我们也不能不承认，即使是世界上最文明的国家，要在民族主义问题上达到完全的理性也还需要时间，更不要说还处在部族阶段的非洲。但是，我们可以从民族主义的演变中看到，随着民族主义趋于理性，国际社会是有希望走向有序的，民族间的真正平等是可以期望的。人类应该怀揣理想地去建立一个自由的、民主的、平等的和公正的国际社会。

第十三章
关于世界秩序的几个问题

人类理想中的世界秩序应该是什么样的，这是人们一直关注的问题，冷战结束后，这一问题更是引起了人们的极大兴趣。本章将对国际关系学界关于世界秩序的概念和模式的研究作一综合性述评。

第一节　世界秩序的概念和内涵

在国际关系学界，有两位学者在 20 世纪 60 年代对世界秩序下的定义为多数人所接受，一是法国学者、著名国际政治学权威雷蒙·阿隆提出的定义。雷蒙·阿隆认为"秩序"具有五种不同含义：现实的任何有规则的安排；各组成部分的有序关系；生存的最低要求；共存的最低条件；舒适生活的必要环境①。人们认同其中的第四点即世界秩序就是生活在国际社会的成员相互共存的最低条件。另一位英国著名国际关系学者赫德利·布尔认为，世界秩序是对人类活动和国家行为所做的旨在维护世界稳定、和平与合作的一种合理安排。布尔还对世界秩序和国际秩序的概念作了区别：第一，世界秩序比国际秩序概念的含义更广，世界秩序不仅包括国家间秩序，而且还包括国家内部的秩序以及涵盖了世界政治体

---

① 倪世雄等：《当代西方国际关系理论》，复旦大学出版社 2001 年版，第 458 页。

系的秩序；第二，世界秩序比国际秩序更重要、更基本，因为人类大社会的终极单位不是国家，也不是民族、部族、帝国、阶级或政党，而是个人；第三，世界秩序在道义上优先于国际秩序，世界秩序指的是全人类的秩序，而不是国际社会内部的秩序。①

阿隆的学生，美国著名国际关系理论学者斯坦利·霍夫曼从新的角度提出了世界秩序的定义。他认为，第一，世界秩序是国家间关系处于和睦状态的一种理想化模式；第二，世界秩序是国家间友好共处的重要条件和有规章的程序，它能提供制止暴力、防止动乱的有效手段；第三，世界秩序是指合理解决争端和冲突，开展国际合作以求共同发展的一种有序状态。②

从三位学者的定义上看，阿隆和霍夫曼都倾向于把世界秩序理解为国家间秩序；而布尔关于世界秩序的概念，在含义上更广一些，内涵上更深刻一些。

我国学者较多地从现实考虑冷战后世界秩序这一问题。中央党校的门洪华教授认为，"国际秩序是国际社会中主要行为体尤其是大国权力分配、利益分配、观念分配的结果，而其主要表现形式就是全球性国际机制的创立与运行。国际秩序由各主要行为体尤其是大国提供，又体现并导致了大国之间的合作与冲突。国际秩序之争，实质上是权力、利益之争，又主要表现为观念之争、国际机制之争③"。

对世界秩序理论进行全面阐释的还是霍夫曼，他在1978年出版的《支配地位，还是世界秩序》一书中，对世界秩序理论作了进一步的发挥。

第一，他认为，现存的国际秩序主要有三种结构，一是超级大国之间核威慑下的均势；二是有危机处理机制的国际社会，在危机出现后，

---

① ［英］赫德利·布尔：《无政府社会——世界政治研究》，张小明译，世界知识出版社2003年版，第17页。

② Stanley Hoffman, *Primacy or World Order：American Foreign Policy since the Cold War*, New York：McGraw-Hill Book Company, 1978, pp. 188, 208.

③ 门洪华：《中国的崛起与国际秩序》，《太平洋学报》2004年第2期。

尽可能避免危机升级为战争；三是有核军备控制机制的国际社会。

第二，他认为世界秩序政策的目的在于使国际社会在以下几个方面发生积极变化。首先，国际社会更公正。在新秩序下不应该是少数大国支配一切，而是有更多的国家参与，要注意发挥非政府组织在处理国际事务中的作用。其次，国家追求的目标更理性。在新秩序下，国家的追求不再是领土的控制、资源和市场的占有，而是创造出一个有利于国际合作的环境。再次，国家间相互依赖的程度更高。然后，国际组织的作用更强。在传统秩序中，拥有最强大军事实力的国家控制具有地缘战略意义的地区，给予其盟国各种支持，从而使国际社会出现等级制。在新秩序下，国际组织的作用将越来越强。最后，主权的弱化。国家将更多的主权交给国际组织，国家的作用将变小。

第三，他就世界秩序政策的推行提出具体的建议。一是对国内社会秩序进行改革，这是实现世界秩序的一个重要前提。二是各国经济联系加强，你中有我，我中有你，战争难以发生，而和平思想深入人心。三是在经济联系日趋密切的基础上，推动一体化进程，让各国放弃部分主权，建立全球性的跨国机构。

第四，对美国外交政策提出他的看法。作为一个美国学者，霍夫曼无疑很关心美国在国际秩序中的地位和作用。他认为，美国应该谋求"没有霸权的领导地位①"，这类似于中国古代的"要王道，不要霸道"。在霍夫曼看来，学会当领导而不是当霸主，应该是美国外交政策的座右铭。第二次世界大战后，美国一直以世界领导自居，美国霸权正是源于这一世界领导地位。美国应该反省自己的对外政策，重新树立"当领导，不当霸主"的形象。霍夫曼特别提醒美国政府注意两点：一是以实力支配、控制别国的行动往往会导致动乱；二是单单美国一家是无力建立世界秩序的。

---

① Stanley Hoffman, *Primacy or World Order: American Foreign Policy since the Cold War*, New York: McGraw-Hill Book Company, 1978, p. 208.

第二节　世界秩序的模式

关于 21 世纪世界秩序的模式，各国学者有多种设想，总的说来，可分为理想主义和现实主义两大类。

（一）可归入理想主义一类的世界秩序模式有"地球村"模式、世界政府模式等。

"地球村"模式由美国学者巴尼特和卡瓦纳夫在 20 世纪 90 年代提出，他们认为，高科技的发展已把全世界各地区紧紧地联结在一起。各国、各地区的政治、经济和文化交流日益广泛，许多重大问题都是国际性的，如人口问题、环境问题、资源问题和难民问题等，这需要世界各国的共同努力。在他们看来，在今后世界的发展过程中，根本问题将不是国与国之间的冲突，而是全球化的推动者与地方化的维护者之间的冲突。

应该说，这一模式提出了一个非常值得注意的问题，即科技的发展对世界秩序的影响，这一影响肯定是深远的。当今世界，确实有许多问题需要世界各国的共同努力才能得到合理的解决。但是，科技的发展尽管促成了"地球村"，然而，"村庄"与"村庄"之间、"村民"与"村民"之间能否和睦相处仍是一个问题。正因如此，许多学者对这一模式持反对态度，认为"地球村"是又一个"乌托邦"①。

关于世界政府的模式有多种设想，其中比较现实的是对联合国进行改造，以建立世界新秩序。联合国是在国联基础上发展而来的一个国际组织，它为各国的沟通提供了一个良好的平台；它协调各方的利益，并力图通过促进经济发展、改善健康状况、鼓励尊重人权和制止部分冲突等来为世界服务。在各国际组织中，联合国的影响是最大的，正如黑人作家本·奥克里所说的，尽管联合国还存在着这样那样的不足，但

---

① 王缉思主编：《中国学者看世界·国际秩序卷》，新世界出版社 2007 年版，第 47 页。

"联合国是惟一有能力含糊地表达世界同一概念、演奏人类交响曲的国际组织①"。但是，联合国远不是一个有权力的政治实体，相反，它常常受制于某个大国或某些国际集团，大国在符合自己利益时，会打起联合国的旗帜，而在不符合自己利益时，往往会绕过联合国，使联合国受辱。伊拉克战争就是明显的例子。因此，世界政府能否在联合国的基础上发展起来，还是远没有解决的问题。

部分学者将建立世界新秩序的希望寄托在对国际法的修改上。他们认为，人类社会应通过制定规则确保安全和稳定，国际法是正在形成中的国际社会的正式规则框架。大多数国家将会发现法律能够对促进和指导广泛利益基础上的合作起到有利作用。国际法将使世界从无政府状态转向更加合作的国际社会，在建立世界新秩序的过程中，国际法的作用至关重要。②

（二）可归入现实主义一类的世界秩序模式有"单极霸权"模式、"单极主导下的多极合作"模式和"多极均势模式"等。

前两种模式分别由美国学者查尔斯·克劳瑟默和另一位著名国际关系学者约瑟夫·奈提出。中国学者也曾提出类似的模式，即"一超多强"。

克劳瑟默认为，冷战结束后，国际格局中最突出的一点是，随着苏联的解体，美国成了世界上唯一的超级大国，在相当长的时间里，还没有哪一个国家能挑战美国的地位。因此，世界格局将是一个超级大国与其他几个二流世界强国并存的局面。

但是，冷战结束后，世界上许多重要的问题单靠美国自己去处理也是不行的。美国需要盟国的合作。所以，约瑟夫·奈提出"单极主导下的多极合作"模式。他认为，世界格局恢复到"两极世界"已不可能，多极化是一件遥远的事情，美国的单极霸权会有许多麻烦，理想而又现实的模式是"单极主导下的多极合作"③。

---

① 　［美］康威·汉德森：《国际关系》，金帆译，海南出版社2004年版，第380页。

② 　同上书，第351页。

③ 　倪世雄等：《当代西方国际关系理论》，复旦大学出版社2001年版，第471页。

"多极均势模式"的倡导者以基辛格为代表。他认为，世界要稳定，道路只有两条：一是霸权，二是均势。与霸权相比，均势更可靠。基辛格强调，没有均势就没有稳定。基辛格所追求的均势，就是世界各地区、各力量中心之间的权力平衡，这样的平衡应该是多极的。① 早在冷战期间，基辛格就提出了著名的"五大力量中心"（美、苏、中、日本和西欧）说，他认为这样的多极均势是世界有序的根本保障。冷战结束后，基辛格又指出："21世纪的国际秩序会出现一个似乎自相矛盾的特点：一方面愈来愈分散；一方面又愈来愈全球化。在国与国之间的关系上，这个新秩序会更接近18、19世纪的欧洲民族国家体系，而不像冷战时期严格划分的两大阵营。彼时至少会有六大强权：美国、欧洲、中国、日本、俄罗斯，可能再加上印度，另外是许许多多中小型国家；与此同时，国际关系已首次真正地全球化了②"。他强调，在这样的世界体系中，秩序仍然只能像过去几个世纪那样建立在协调和平衡相互冲突的国家利益的基础之上。

第三节　中国与世界秩序

19世纪中叶之前，中国一直是东亚区域秩序的维护者。中央党校的门洪华教授认为：朝贡秩序是中国国内政治统治关系即地方分权在对外关系上的延续和应用，它强调"四夷顺而中国宁"，"修文德服远人"，"柔远人则四方归之，怀诸侯而天下畏之"。中国对华夷的区分是从文化上来强调的，而不是从种族上来强调的。以中国为中心的经济体系和国际秩序，其目的是获得国内稳定和繁荣所需要的外部安全，通过予多取少的原则处理周边关系，是一种柔性的霸权秩序。③ 鸦片战争之后，中国被西方的坚船利炮强行纳入世界体系，开始了融入国际社会的历程。由

---

① 倪世雄等：《当代西方国际关系理论》，复旦大学出版社2001年版，第472页。
② ［美］亨利·基辛格：《大外交》，顾淑馨等译，人民出版社2010年版，第16页。
③ 门洪华：《中国的崛起与国际秩序》，《太平洋学报》2004年第2期。

于被强迫纳入国际秩序，中国长期受到列强的欺凌，领土被肆意瓜分，更谈不上主权的维护了。章百家先生认为：中国人在 20 世纪一半时间里所追求的，只是他们在 19 世纪所失去的东西——民族的独立、尊严和国家领土、主权的完整①。

由于长期的屈辱，新中国成立后，对于第二次世界大战后由美国主导的国际秩序，毛泽东和中国共产党明确提出了"另起炉灶""打扫干净屋子再请客"的方针。自 1949 年起，新中国便质疑由美国主导的国际秩序。用西方学者的话说，中国是世界秩序的"挑战者"，康奈尔大学的陈兼先生进一步认为，中国不仅挑战美国主导的秩序，还在国际共产主义运动内部对苏联发起挑战。②

同时对抗两大超级大国，不是中国的国力所能承担的。根据毛泽东主席两霸中争取一霸的策略，中美之间的关系逐渐改善，1971 年，中国恢复在联合国的常任理事国席位，中国半信半疑地开始融入世界。中国与欧共体、国际奥委会和国际标准化组织建立了联系。

1979 年后，在改革开放方针的推动下，中国加快了融入国际社会的步伐。在这一时期，中国参与国际组织的数量和质量都超过前两个时期。这其中的标志是中国经过 15 年的谈判，成为世界贸易组织的正式成员。

笔者认为，在中国融入世界的过程中，中国已经成为世界秩序的维护者，在东南亚金融危机中，中国就承担起这一责任。

学者们认为，中国还应该在新的世界秩序的建设中，做出自己的贡献即成为规则制定的参与者。2002 年，江泽民在中国共产党十六大报告中阐明了中国在新世纪建立国际政治经济新秩序的主张：各国政治上应相互尊重，共同协商，而不应把自己的意志强加于人；经济上应相互促进，共同发展，而不应造成贫富悬殊；文化上应相互借鉴，共同繁荣，而不应排斥其他民族的文化；安全上应相互信任，共同维护，树立互信、

---

①　章百家：《改变自己　影响世界——20 世纪中国外交基本线索刍议》，《中国社会科学》2002 年第 1 期。

②　陈兼：《关于中国和冷战史研究中的几个问题》，《华东师范大学学报》2001 年第 6 期。

互利、平等和协作的新安全观，通过对话和合作解决争端，而不应诉诸武力或以武力相威胁。

不过，中国要在新的世界秩序的建设中做出贡献，要注意以下几个方面。

第一，在仍然崇尚实力的现代国家体系中，中国必须不断增强自己的国力，中国只有发展成为更加强盛的大国，才能在国际新秩序的建设中有自己的声音。用章百家先生的话说，就是改变自己，影响世界。

第二，在参与世界秩序建设的进程中，要有自己的理念。到目前为止，中国提出的理念包括两个方面，一是反对霸权，赞成多极化；二是和平共处五项原则。但这两个方面在西方都碰到挑战。西方的一些学者认为，多极化也并不一定能带来世界和平，第二次世界大战前的世界就是多极的（英法、苏、德意、美、日）。目前西方流行的人权大于主权的观念则恰与和平共处五项原则中的互不干涉内政相对；但实际情况是，在全球化的形势下，西方与西方之间、东方与西方之间不可避免地要干涉彼此的内政。

第三，要积极参与国际组织中一些规则的制定。哈佛大学的江忆恩教授认为，中国在融入世界后，主动性不够，在国际组织中很少提出建设性的主张，比如在联合国中就经常投弃权票。这是中国的学者和外交家们所面临的一个任务。

第四，在注重国家利益的同时，要有理想主义。中国应树立维护国际道义的世界大国形象。中国吸引世界的不应该仅仅是我们庞大的市场和廉价的劳动力，而应该是良好的国际形象。

总之，对人类理想的世界秩序，各国学者从理论到模式都做了有益的探讨，孰是孰非，孰优孰劣，历史的发展将会做出见证。

参考书目

一 史料

（一）文件

Documents on German Foreign Policy，1918 – 1945，from the Archives of Ger-man Foreign Ministry，Series C：1933 – 1937，Vols. 1 – 5. Washington，1957 – 1966. Series D：1937 – 1945，Vols. 1 – 11. Washington，1949 – 1960.

Documents on British Foreign Policy，1919 – 1939，Second Series：1929 – 1938，Vols. 11 – 19. London，1970 – 1982. Third Series：1938 – 1939，Vols. 1 – 9. London，1949 – 1955.

Ruhl J. Bartleet，*The Record of American Diplomacy：Documents and Readings in the History of American Foreign Relations*，Toronto：Alfred. A. Knopf，1984.

Imauel Geiss（ed.），*July 1914：The Outbreak of the First World War，Selected Documents*，London：Batsford，1967.

李巨廉、王斯德主编：《第二次世界大战起源历史文件资料集（1937.7—1939.8）》，华东师范大学出版社 1985 年版。

中国第二次世界大战史研究会、中国国际关系史研究会、外交学院译印：《第二次世界大战前夕苏联为争取和平而斗争（1938 年 9 月—1939 年 8

月）：文件和材料》。

（二）回忆录和日记等

Eduard Benes, *Memoirs of Dr. Eduard Benes*：*From Munich to New War and New Victory*, London, 1954.

Cafencu, Grigore, *The Last Days of Europe*：*A Diplomatic Journey in 1939*, New Haven, Yale University Press, 1948.

［英］丘吉尔：《第二次世界大战回忆录》（第一卷·风云紧急），吴万沈等译，商务印书馆 1974 年版。

［意］齐亚诺：《齐亚诺日记 1939—1943 年》，武汉大学外文系译，商务印书馆 1983 年版。

二　著作

Anthony Tihamer KomJathy, *The Crises of France's East Central European Diplomacy, 1933 – 1938*, New York, 1976.

Elisabeth Barker, *British Policy in South-East Europe in the Second World War*, London, 1976.

Bradford A. Lee, *Britain and Sino-Japanse War, 1937 – 1939*, London, 1973.

Eliza Campus, *The Littile Entente and the Balkan Alliance*, Bucharest, 1978.

David P. Calleo, *The German Problem Reconsidered*：*Germany and the World Order, 1870 to the Present*, Cambridge, 1978.

Dov B. Lungu, *Romania and the Great Power*, London, 1989.

N. H. Gibbs, *Grand Strategy*, London, 1976.

Eugene Boia, *Romania's Diplomatic Relations with Yugoslavia in the Interwar Period, 1919 – 1941*, New York, 1992.

Haggie Paul, *Britannia at Bay*：*The Defence of the British Empire Against Japan, 1931 – 1941*, Oxford, 1981.

Ian Hamill, *The Strategic Illusion*：*The Singapore Strategy and The Defence of*

Australia and New Zealand, *1919 – 1942*, Singapore University Press, 1987.

Jiri Hockman, *The Soviet Union and the Failure of Collective Security*, New York, 1984.

J. B. Hoptner, *Yugoslavia in Crisis*, *1934 – 1941*, Columbia University Press, 1962.

John Lewis Gadds, *We Now Know: Rethinking Cold War History*, Oxford: Clarendon Press, 1997.

James Joll, *The Origins of the First World War*, New York, 1992.

James Neidpath, *Singapore Naval Base and The Defence of Britain's Eastern Empire*, *1919 – 1941*, Oxford, 1981.

Jame R. Leutze, *Bargaining For Supremacy: Anglo-American Naval Colloboration*, *1937 – 1941*, North Carolina, 1977.

Keith Hitchins, *Rumania*, *1866 – 1947*, London: Oxford University Press, 1994.

Lothar Kettenacker, *The Fascist Challenge and The Policy of Appeasement*, London, 1983.

William Roger Louis, *British Strategy in the Far East*, *1919 – 1939*, Oxford, 1971.

Peter Lowe, *Great Britain and the Origins of the Pacific War*, Oxford, 1977.

Simon Newman, *March 1939: The British Guarantee to Poland: A Study in the Continuity of British Foreign Policy*, Oxford, 1976.

Ion Oprea, *Nicolae Titulescu's Diplomatic Activity*, Bucharest, 1968.

Paul D. Quinlan, *Clash over Romania: British and American Policies toward Romania: 1938 – 1947*, Los Angeles, 1977.

Rebecca Haynes, *Romanian Policy Towards Germany*, *1936 – 1940*, Macmillan Press, 2000.

Stephen Roskill, *Naval Policy Between The Wars*, London, 1976.

Lawrence R. Pratt, *East of Malta*, *West of Suez*: *Britain's Mediterranean Crisis*, *1936 – 1939*, London, 1975.

Samuel R. Williamson, *Austria-Hungary and the Origins of the First World War*, New York, 1991.

Stanley Hoffman, *Primacy or World Order*: *American Foreign Policy since the Cold War*, New York: McGraw-Hill Book Company, 1978.

W. David, *The Rise and Fall of the Singapore Naval Base*, *1919 – 1942*, Macmillan, 1979.

William Evans Scott, *Alliance against Hitler*: *the Origins of the Franco-Soviet Pact*, Duke University Press, 1962.

Robert Self, *Britain*, *America and the War Debt Controversy*, London, 2006.

《马克思恩格斯选集》第 1 卷，人民出版社 1972 年版。

《马克思恩格斯选集》第 4 卷，人民出版社 1972 年版。

《马克思恩格斯文集》第 4 卷，人民出版社 2009 年版。

《列宁选集》第 2 卷，人民出版社 1995 年版。

《列宁全集》第 7 卷，人民出版社 1986 年版。

《列宁全集》第 26 卷，人民出版社 1988 年版。

《列宁全集》第 27 卷，人民出版社 1990 年版。

《列宁全集》第 33 卷，人民出版社 1985 年版。

《列宁全集》第 39 卷，人民出版社 1986 年版。

《列宁全集》第 42 卷，人民出版社社 1987 年版。

［古希腊］修昔底德：《伯罗奔尼撒战争史》，谢德风译，商务印书馆 2008 年版。

［英］霍布斯：《利维坦》，黎思复等译，商务印书馆 1985 年版。

［德］康德：《永久和平论》，何兆武译，上海人民出版社 2005 年版。

［英］赫德利·布尔：《无政府社会——世界政治研究》，张小明译，世界知识出版社 2003 年版。

［美］肯尼思·华尔兹：《人、国家与战争——一种理论分析》，信强译，

上海世纪出版集团 2012 年版。

［美］康威·汉德森：《国际关系》，金帆译，海南出版社 2004 年版。

［美］汉斯·摩根索：《国际纵横策论——争强权，求和平》，卢明华等译，上海译文出版社 1995 年版。

［加］卡列维·霍尔斯蒂：《和平与战争——1648—1989 年的武装冲突与国际秩序》，王浦勉等译，北京大学出版社 2005 年版。

［美］詹姆斯·多尔蒂、小罗伯特·普法尔茨格拉夫：《争论中的国际关系理论》，阎学通等译，世界知识出版社 2003 年版。

［美］斯蒂芬·范·埃弗拉：《战争的原因》，何曜译，上海世纪出版集团 2007 年版。

［美］小约瑟夫·奈：《理解全球冲突与合作：理论与历史》，张小明译，上海世纪出版集团 2012 年版。

［美］罗伯特·吉尔平：《国际关系政治经济学》，杨宇光等译，经济科学出版社 1989 年版。

［美］罗伯特·吉尔平：《世界政治中的战争与变革》，宋新宁等译，上海人民出版社 2007 年版。

［美］理查德·内德·勒博：《国际关系的文化理论》，陈锴译，上海社会科学院出版社 2012 年版。

［美］理查德·内德·勒博：《国家为何而战？过去与未来的战争动机》，赵洋译，上海人民出版社 2014 年版。

［美］理查德·塔克：《战争与和平的权利——从格劳秀斯到康德的政治思想与国际秩序》，罗炯等译，译林出版社 2009 年版。

［美］亨利·基辛格：《大外交》，顾淑馨译，人民出版社 2010 年版。

［美］基辛格：《国际秩序》，胡利平等译，中信出版集团 2015 年版。

［日］猪口孝等编：《变动中的民主》，林猛等译，吉林人民出版社 1999 年版。

［美］保罗·肯尼迪：《大国的兴衰》，蒋葆英译，中国经济出版社 1989 年版。

［日］入江昭：《20 世纪的战争与和平》，李静阁等译，世界知识出版社
　　2005 年版。

［美］罗伯特·基欧汉：《霸权之后——世界政治经济中的合作与纷争》，
　　苏长和等译，上海人民出版社 2001 年版。

［美］约翰·米尔斯海默：《大国政治的悲剧》，王义桅等译，上海人民出
　　版社 2003 年版。

资中筠主编：《国际政治理论探索在中国》，上海人民出版社 1998 年版。

倪世雄等：《当代西方国际关系理论》，复旦大学出版社 2001 年版。

王辑思主编：《中国学者看世界·国际秩序卷》，新世界出版社 2007 年版。

［英］艾伦·帕尔默：《夹缝中的六国——维也纳会议以来的中东欧历史》，
　　于亚伦等译，商务印书馆 1997 年版。

［罗］米隆·康斯坦丁内斯库主编：《罗马尼亚通史简编》，陆象淦、王敏
　　生译，商务印书馆 1976 年版。

［英］阿诺德·托因比、维罗尼卡·M. 托因比合编：《大战前夕，1939 年》
　　上册，劳景素译，上海译文出版社 1984 年版。

［英］阿诺德·托因比、维罗尼卡·M. 托因比合编：《大战前夕，1939 年》
　　下册，复旦大学历史系世界史教研室译，上海译文出版社 1984 年版。

［英］阿诺德·托因比、维罗尼卡·M. 托因比合编：《轴心国的初期胜利》
　　下册，许步曾等译，上海译文出版社 2007 年版。

［英］阿诺德·托因比、弗兰克·T. 艾什顿 - 格沃特金编著：《1939 年 3
　　月的世界》上、下册，郑玉质等译，上海译文出版社 2007 年版。

朱瀛泉：《近东危机与柏林会议》，南京大学出版社 1995 年版。

吴友法：《德国现当代史》，武汉大学出版社 2007 年版。

朱忠武、肖汉森等编著：《德国现代史》，山东大学出版社 1985 年版。

［德］阿尔内特·施佩尔：《第三帝国内幕》，邓蜀生译，生活·读书·新
　　知三联书店 1982 年版。

［德］卡尔·哈达赫：《20 世纪德国经济史》，杨绪译，商务印书馆 1984
　　年版。

马桂琪、黎家勇：《德国社会发展研究》，中山大学出版社 2002 年版。

［英］约翰·惠勒 - 贝内特：《慕尼黑——悲剧的序幕》，林出武等译，北京出版社 1978 年版。

郑寅达：《法西斯：尚未逝去的梦魇》，上海辞书出版社 2006 年版。

［德］艾米尔·路德维希：《德国人——一个民族的双重历史》，杨成绪等译，东方出版社 2006 年版。

［美］格哈德·温伯格：《希特勒德国的对外政策》上编，欧洲的外交革命，1933—1936 年，何江译，商务印书馆 1992 年版。

［美］格哈德·温伯格：《希特勒德国的对外政策》下编，发动第二次世界大战，1937—1939 年，上、下册，何江译，商务印书馆 1997 年版。

［美］沃尔特·拉克尔：《法西斯主义——过去、现在、未来》，张峰译，北京出版社 2000 年版。

丁建宏、陆世澄等主编：《德国通史简编》，人民出版社 1991 年版。

李工真：《德意志道路——现代化进程研究》，武汉大学出版社 1997 年版。

卜谦：《理性与狂迷——20 世纪德国文化》，东方出版社 1999 年版。

［德］埃尔德曼：《德意志史》第四卷上册，高年生等译，商务印书馆 1986 年版。

［德］克劳斯·费舍尔：《纳粹德国》，萧韶工作室译，江苏人民出版社 2005 年版。

［苏］德波林主编：《第二次世界大战史》第一卷，上海外国语学院西俄语系俄语教师译，上海译文出版社 1978 年版。

［德］瓦·巴特尔：《法西斯专政时期的德国》，肖辉英等译，中国社会科学出版社 1979 年版。

［德］希特勒：《我的奋斗》，西藏文艺出版社 1994 年版。

［英］艾·布洛克：《大独裁者希特勒》，朱立人等译，北京出版社 1986 年版。

刘国柱：《希特勒与知识分子》，时事出版社 2001 年版。

陆世澄：《德国文化与现代化》，辽海出版社 2000 年版。

［德］梅尼克：《德国的浩劫》，何兆武译，生活·读书·新知三联书店 2002 年版。

［德］施泰尼格尔：《纽伦堡审判》上卷，石奇康等译，商务印书馆 1985 年版。

隆仁主编：《希特勒全传》，中国华侨出版社 1998 年版。

［美］威廉·夏伊勒：《第三帝国的兴亡》，董乐山等译，世界知识出版社 2015 年版。

［美］威廉·L. 夏伊勒：《第三共和国的崩溃——1940 年法国沦陷之研究》，戴大洪译，作家出版社 2015 年版。

［德］托尔斯腾·克尔讷：《纳粹德国的兴亡》，李工真译，湖南人民出版社 2005 年版。

朱维毅：《德意志的另一行泪》，世界图书出版公司 2010 年版。

徐弃郁：《脆弱的崛起——大战略与德意志帝国的命运》，新华出版社 2011 年版。

萧汉森等：《德国的分裂、统一与国际关系》，华中师范大学出版社 1998 年版。

朱庭光主编：《法西斯体制研究》，上海人民出版社 1995 年版。

［美］特尔福德·泰勒：《慕尼黑——和平的代价》，石益仁译，新华出版社 1984 年版。

［英］A. J. P 泰勒：《第二次世界大战的起源》，潘人杰等译，华东师范大学出版社 1991 年版。

李巨廉：《战争与和平——时代主旋律的变动》，学林出版社 1999 年版。

王斯德、钱洪主编：《第二次世界大战起源研究论集》，华东师范大学出版社 1986 年版。

李巨廉、潘人杰：《第二次世界大战——专题述评》，华东师范大学出版社 1990 年版。

李巨廉：《希特勒的战争谋略》，上海人民出版社 1995 年版。

［英］艾瑞克·霍布斯邦：《帝国的年代 1875—1914》，贾士蘅等译，国

际文化出版公司 2006 年版。

［英］艾瑞克·霍布斯鲍姆：《极端的年代》，马凡等译，江苏人民出版社
　　2010 年版。

军事科学院、军事历史研究所、世界军事历史研究室主编：《第二次世界
　　大战大事纪要——起源、进程与结局》，解放军出版社 1900 年版。

朱瀛泉：《近东危机与柏林会议》，南京大学出版社 1995 年版。

李元明：《世界近代国际关系史》下册，中共中央党校出版社 1988 年版。

颜声毅等编：《现代国际关系史》，知识出版社 1984 年版。

［法］让－巴蒂斯特·迪罗塞尔：《外交史，1919—1978 年》，李仓人等译，
　　上海译文出版社 1982 年版。

［英］麦克唐纳：《美国、英国与绥靖 1936—1939》，何杭生等译，中国对
　　外翻译出版公司 1987 年版。

计秋枫、冯梁等：《英国文化与外交》，世界知识出版社 2002 年版。

刘绪贻、杨生茂主编：《美国通史》（4），人民出版社 2002 年版。

杨生茂、陆镜生：《美国史新编》，中国人民大学出版社 1990 年版。

王晓德：《美国文化与外交》，世界知识出版社 2000 年版。

［美］孔华润主编：《剑桥美国对外关系史》（下），张振江等译，新华出
　　版社 2004 年版。

［美］托马斯·帕特森：《美国外交政策》（下），李庆余译，中国社会科
　　学出版社 1989 年版。

王加丰、周旭东主编：《美国历史与文化》，浙江大学出版社 1995 年版。

［美］阿瑟·林克、威廉·卡顿：《1900 年以来的美国史》（上），刘绪贻
　　等译，中国社会科学出版社 1983 年版。

［美］罗伯特·达莱克：《罗斯福与美国对外政策，1932—1945》上册，伊
　　伟等译，商务印书馆 1984 年版。

王黎：《欧洲外交史 1494—1925》，天津人民出版社 2011 年版。

陈乐民主编：《西方外交思想史》，中国社会科学出版社 1995 年版。

第二次世界大战史研究会编：《第二次世界大战史论文集》，生活·读书·

新知三联书店 1985 年版。

刘庭华：《中国抗日战争与二战系年要录统计荟萃》，海军出版社 1988
年版。

徐蓝：《英国与中日战争 1931—1941》，北京师范大学出版社 1991 年版。

［英］约翰·基根：《一战史》，张质文译，北京大学出版社 2014 年版。

［英］克里斯托弗·克拉克：《梦游者：1914 年，欧洲如何走向"一战"》，
董莹等译，中信出版社 2014 年版。

［英］E. H. 卡尔：《两次世界大战之间的国际关系 1919—1939》，徐蓝译，
商务印书馆 2010 年版。

［英］爱德华·卡尔：《20 年危机（1919—1939）——国际关系研究导论》，
秦亚青译，世界知识出版社 2005 年版。

［美］查尔斯·P. 金德尔伯格：《1929—1939 年世界经济萧条》，宋承先
等译，上海译文出版社 1986 年版。

王绳祖主编：《国际关系史》第四卷，世界知识出版社 1995 年版。

［美］斯塔夫里阿诺斯：《全球通史：1500 年以来的世界》，吴象婴、梁赤
民译，上海社会科学院出版社 1992 年版。

［美］威廉·兰格：《世界史编年手册·现代部分》上册，高望之等译，生
活·读书·新知三联书店 1978 年版。

周尚文、叶书宗、王斯德：《苏联兴亡史》，上海人民出版社 2002 年版。

［苏］C. IO. 维戈兹基等编：《外交史》第 3 卷（上），大连外语学院俄
语系翻译组译，生活·读书·新知三联书店 1979 年版。

［英］约翰·梅纳德·凯恩斯：《劝说集》，李井奎译，中国人民大学出版
社 2016 年版。

［日］富田俊基：《国债的历史——凝结在利率中的过去与未来》，彭曦等
译，南京大学出版社 2011 年版。

刘靖华：《20 世纪的国际政治逻辑》，生活·读书·新知三联书店 2007
年版。

韦民：《小国与国际关系》，北京大学出版社 2014 年版。

韦民：《小国与国际安全》，北京大学出版社 2016 年版。

赵文亮：《二战研究在中国》，武汉大学出版社 2006 年版。

余建华：《民族主义——历史遗产与时代风云的交汇》，学林出版社 1999 年版。

［英］詹姆斯·梅奥尔：《民族主义与国际社会》，王光忠译，中央编译出版社 2009 年版。

［英］埃里克·霍布斯鲍姆：《民族与民族主义》，李金梅译，上海人民出版社 2000 年版。

［英］休·希顿－沃森：《民族与国家》，吴洪英等译，中央民族大学出版社 2009 年版。

三　论文

John P. Sontag, "Tsarist Debts and Tsarist Foreign Policy", *Slavic Review*, Vol. 27, No. 4, Dec., 1968.

潘人杰、李巨廉：《时代 格局与人——关于世界大战起源问题的若干思考》，《世界历史》1989 年第 1 期。

潘人杰：《正经与异端》，《读书》1993 年第 1 期。

陈兼：《1937 至 1941 年美国的对德政策》，《历史研究》1983 年第 4 期。

陈兼：《德国、英国与七月危机——关于国际危机处理的一项个案研究》，《世界历史》1990 年第 6 期。

陈兼：《关于中国和冷战史研究中的几个问题》，《华东师范大学学报》2001 年第 6 期。

时殷弘：《旧欧洲的衰颓——论两战之间的英法外交与国际政治》，《复旦学报》1999 年第 6 期。

时殷弘：《欧洲强国抑或世界强国——20 世纪德国的选择与命运》，《世界历史》2000 年第 4 期。

章百家：《改变自己　影响世界——20 世纪中国外交基本线索刍议》，《中国社会科学》2002 年第 1 期。

门洪华：《中国的崛起与国际秩序》，《太平洋学报》2004 年第 2 期。

黄琪轩：《战争的起源：研究层次的多样性》，《国际论坛》2011 年第 3 期。

王立新：《美国的世界秩序观与东亚国际体系的演变（1900—1945）》（1），《东南亚研究》2003 年第 4 期。

王立新、王睿恒：《"积极和平"：美国的和平运动与一战后国际秩序的构建》，《社会科学战线》2013 年第 8 期。

李青：《威尔逊主义外交政策理念及影响》，《国际关系学院学报》2006 年第 4 期。

叶自成：《对中国多极化战略的历史与理论反思》，《国际政治研究》2004 年第 1 期。

杨达洲：《对冷战后世界格局之我见》，《太平洋学报》1997 年第 4 期。

黄政基：《单极与多极——如何看待世界战略格局》，《国际战略研究》2001 年第 1 期。

徐蓝：《国际联盟与第一次世界大战后的国际秩序》，《中国社会科学》2015 年第 7 期。

倪乐雄：《森林与"猎人的优越感"——日耳曼民族战争意识探源》，《德国研究》1999 年第 2 期。

吴友法：《论德国法西斯独裁统治的确立》，《武汉大学学报》1994 年第 6 期。

史晓红：《威尔逊民族自决原则研究综论》，《河南大学学报》2010 年第 3 期。

尚金锁：《马克思主义战争观与"战争新理念"》，《马克思主义研究》2007 年第 8 期。

张家裕：《毛泽东对马列主义战争理论的继承与发展》，《军事历史研究》1990 年第 2 期。

尚伟：《列宁的"民族处决权"理论及其意义》，《马克思主义研究》2011 年第 12 期。

王逸舟：《国际关系与国内体制——评民主和平论》，《欧洲》1995 年第

6 期。

韩莉：《竞争与妥协：巴黎和会上的美英关系》，《外交学院学报》2003 年
　　第 1 期。

陈晓律：《欧洲民族国家演进的历史趋势》，《江海学刊》2006 年第 3 期。

尹保云：《论民族主义的发展》，《战略与管理》1996 年第 2 期。

翟金秀：《一体化视角下的西欧民族主义新动向》，《国外社会科学》2008
　　年第 5 期。

陈从阳：《一战后的战债和赔偿问题与 30 年代经济大危机》，《咸宁师专
　　学报》1997 年第 3 期。

胡毓源：《一次大战后的战债问题与美国的对外关系》，《上海师范大学学
　　报》1985 年第 4 期。

董小川：《俄国的外国资本问题》，《东北师大学报》（哲学社会科学版）
　　1989 年第 3 期。

张广翔：《外国资本与俄国工业化》，《历史研究》1995 年第 6 期。

徐振伟、徐园园：《一战后英美战债问题评析》，《云梦学刊》2009 年
　　第 5 期。

沈莉华：《美国对苏维埃俄国的饥荒援助》，《俄罗斯中亚东欧研究》2010
　　年第 3 期。

梁发芾：《国家赖账的后果》，《中国经济时报》2016 年 3 月 21 日。

赵文飞：《论苏维埃俄国出席热那亚会议的策略思想》，《史学集刊》1993
　　年第 3 期。

刑来顺：《魏玛共和国外交战略的转变与德国大国地位的恢复》，《华中师
　　范大学学报》2010 年第 6 期。

王德春：《康边停战后的欧洲战债与赔款问题》，《唐都学刊》1990 年
　　第 2 期。

潘光：《后冷战时代全球民族主义新浪潮的若干特征》，《上海社会科学院
　　学术季刊》1996 年第 1 期。

倪乐雄：《森林与"猎人的优越感"——日耳曼民族战争意识探源》，《德

国研究》1999 年第 2 期。

韩莉：《伍德罗·威尔逊与国际联盟——评威尔逊国联政策的起源及实施中的两难》，博士学位论文，首都师范大学，2000 年。

惠一鸣：《论欧洲秩序体系及其轴心》，博士学位论文，南京大学，2011 年。

康欣：《国家债权与霸权转移——美国对英国的债权政治研究（1917—1945）》，博士学位论文，复旦大学，2014 年。

李鹏：《二十世纪 20、30 年代苏联与英、法、美间的"债务问题"》，硕士学位论文，首都师范大学，2009 年。

尹保丽：《威尔逊与国际联盟关系研究》，硕士学位论文，河南大学，2010 年。

刘畅：《英国的欧陆外交政策（1926—1929）——以其与国际联盟的互动为例》，硕士学位论文，兰州大学，2011 年。

王召东：《一战后英美战债问题研究》，硕士学位论文，华中师范大学，2013 年。

后 记

　　孟德斯鸠曾说过，只有历史故事乏味的民族，才是幸福的。战争的确精彩，人类的历史如果没有战争，没有那些战争中的英雄，确实会显得寡淡无味。但人类为战争也付出了过分惨重的代价。古往今来那么多学者研究战争的起源，他们最大的愿望是人类永享和平，让人类的历史故事"简单"一些。

　　我自己也常告诉学生，虽然我是研究战争史的，但我是一个和平主义者。

　　本书是学习两次世界大战史后的一个总结。世界大战起源是一个宏大的课题，本书选择了几个侧面进行了探讨。

　　感谢李巨廉教授和潘人杰教授多年来对我的培养，感谢王斯德教授多年来对我的关心，感谢王加丰教授对我的鼓励和督促。

　　感谢编辑张浯在本书出版过程中付出的努力。本书的出版得到浙江师范大学历史学一流学科的资助，谨在此表示感谢。

　　由于本人水平有限，书中肯定存在不少缺点和错误，希望得到世界史同行和读者的批评指正。

周旭东

2018 年 12 月 4 日